Heinzpeter Hempelmann

Gott ohne Gewalt!

Warum Toleranz und Wahrheit
für den christlichen Glauben zusammengehören

AF272675

BRUNNEN
Verlag GmbH · Giessen

© Brunnen Verlag Gießen 2009
www.brunnen-verlag.de
Umschlaggestaltung: Ralf Simon
Umschlagmotiv: Shutterstock
Satz: DTP Brunnen
Herstellung: Books on Demand GmbH, Norderstedt
ISBN 978-3-7655-1440-1

INHALT

VORWORT

„Kämpft gegen diejenigen, die nicht an Gott und den Jüngsten Tag glauben und nicht verbieten, was Gott und sein Gesandter verboten haben, und nicht der wahren Religion angehören – von denen, die die Schrift erhalten haben – kämpft gegen sie, bis sie ergeben aus der eigenen Hand Tribut entrichten" (Koran Sure 9:29).

Spätestens seit dem 11. September 2001 wissen wir: Der Islam ist eine – zumindest potenziell – gewalttätige Religion, und damit auch: Religion ist – zumindest potenziell – gewalttätig. Wir sehen in den Nachrichten die Bilder der Selbstmordanschläge, Bilder von Verwundeten, Toten, die abtransportiert werden und verwüsteten Gebäuden – und anschließend das Video des fanatisierten Dschihad-Kriegers, der sich kurz vor seinem Tod noch mit seiner Tat gebrüstet hat.

Gewalt im Namen der Religion. Wie ganz anders ist da doch die Religion des Friedens und der Nächstenliebe, wie anders sind doch wir Christen. Oder? – Wer mit dem Finger auf den Islam zeigt, der schaue besser nicht in die 2000-jährige Geschichte des Christentums (oder wenn, dann nur in ausgewählte Abschnitte), und er lese auch besser nicht die Bibel:

„Zerschmettere, o Gott, ihre Zähne in ihrem Maul, brich aus das Gebiss des Junglöwen, Herr! … Freuen wird sich der Gerechte, wenn er die Rache anschaut; er watet im Blut des Gottlosen." (Psalm 58,7+11)

Das klingt nicht besser, wir haben keinen Grund, auf andere zu zeigen und werden es in diesem Buch auch nicht tun. Aber: Wer an Gott glaubt – an einen Gott, neben dem es keine anderen Götter geben darf –, der muss sich einige Fragen gefallen lassen:
* Ist Religion, ist der Glaube an Gott gewalttätig? Ist Religion gar gefährlich? Ist Gewalt bei religiös Überzeugten – besonders, wenn sie an einen einzigen Gott glauben! – nicht zwangsläufig „Teil ihres Programms"?

- Kann sich eine Religion, die Gewalt anwendet, kann sich speziell das Christentum vielleicht sogar auf seine heiligen Schriften berufen für die Legierung von Liebe und Gewalt, die für seine Geschichte so charakteristisch zu sein scheint?
- Hat der Monotheismus nicht auch als persönliche Religionsform etwas ungeheuer Bedrängendes? Wie kann man sich dagegen wehren, dass er den Menschen nicht total besitzt, besetzt und dass solchermaßen „besessene Menschen" dann viel Unheil anrichten und auch ihr eigenes Leben unheilvoll gestalten? Ist dieser Wahrheitsmonismus – die Überzeugung: Es gibt nur eine Wahrheit – nicht die Ursache von Intoleranz, Konflikt und Gewalt?
- Und steht nicht gerade in der Mitte des christlichen Glaubens mit dem Kreuz ein Symbol, das eine Wirklichkeit vergegenwärtigt, die an Intoleranz, Brutalität, Gewalt überhaupt nicht zu überbieten ist? Wie kann ein solches Kreuz Heilsbedeutung haben?
- Können wir in einer multireligiös und multikulturell bestimmten und organisierten Gesellschaft nicht nur dann friedlich zusammenleben, wenn wir Toleranz zum Leitwert machen und die Frage nach der einen Wahrheit relativieren?
- Kann man das heute, in postmoderner Zeit, überhaupt noch denken: die – eine – Wahrheit? Wer kann sie denn kennen? Gibt es sie überhaupt? Und sind nicht alle Geltungsansprüche und Wahrheitsbehauptungen in Wahrheit nur verkappte Selbst-Behauptungen?

Hat Christopher Hitchens nicht doch treffend formuliert mit seinem Buchtitel *„Der Herr ist kein Hirte: Wie Religion die Welt vergiftet"*[q]? Diese und ähnliche Anfragen werden von ganz verschiedener Seite an die monotheistischen Religionen gestellt – sowohl von den Vertretern eines neu erwachten, kämpferischen Atheismus als auch von den Vordenkern der Postmoderne, für die alle religiösen Wahrheitsansprüche ohnehin nur „Texte" sind. Ich möchte Sie einladen, mit mir gemeinsam in diesem Buch diese Fragen ehrlich zu stellen – und sich mit mir auf die Suche nach der Antwort zu machen. Wir werden einsteigen bei der Frage nach der Wahrheit: Kann es denn eine Wahrheit, die für alle gelten soll, überhaupt noch geben? Wir werden uns dann die Fragen der Monotheismus-Kritiker gemeinsam anhören und Gegenfragen stellen. Haben wir uns hier grundsätzlich mit dem

Monotheismus beschäftigt, stellen wir im 3. Kapitel die Frage, wie es denn nun konkret mit dem Christentum aussieht: War der Gott des Alten Testamentes ein blutrünstiger Rachegott, der sich im Neuen Testament dann in einen Gott der Liebe verwandelt hat? Im 4. Kapitel soll uns dann beschäftigen, was Christen denn nun antworten können: Ein tolerantes Zeugnis von dem *einen* Christus und der *einen* Wahrheit – geht das, und wenn ja, wie? „Gott ohne Gewalt?" – gelingt es uns, aus dem Fragezeichen ein Ausrufezeichen zu machen?

„Verfasserschaft" ist nicht nur sprachlich und logisch ein Abstraktum. An diesem Buch haben viele „mitgeschrieben", ohne dass sie für Aussagen dieses Buches haftbar gemacht und zur Verantwortung gezogen werden könnten. Danken möchte ich zum einen den Freunden, die mich zur Beschäftigung mit dem Gott, der nicht Gewalt ist, provoziert haben, ganz gleich ob sie in Marburg, Unterweissach oder Basel oder noch ganz woanders sitzen. Hervorheben möchte ich aber auch die Mitarbeit von Uwe Bertelmann, der durch sein kongeniales Lektorat mehr in dieses Buch investiert hat, als das normalerweise von einem theologischen Lektor verlangt werden kann. Herzlichen Dank auch ihm!

Das Buch ist trotz allem Feilen und Differenzieren nicht „fertig". Dafür sind die Themen zu schwierig und die Herausforderungen zu umfassend. Dass ich es gewagt habe, das Manuskript aus der Hand zu geben, habe ich der Ermutigung der Freunde und der Einsicht in die Notwendigkeit zu verdanken, dass das Gespräch über die angeschnittenen Fragen nicht nur notwendig ist, sondern auch auf neue Pfade geführt werden muss. Wenn die vorliegenden Provokationen dazu helfen, darf man sich getrost an ihnen ärgern.

Heinzpeter Hempelmann
Schömberg, im Juni 2009

I. Glauben an die eine Wahrheit in postmodernen Zeiten

1) Zwischen Fanatismus und Wahrheitsanspruch, Gleichgültigkeit und Toleranz

„Alle haben recht!"

Neulich habe ich folgende Geschichte gehört: Ein Bürgermeister muss eine schwierige kommunale Angelegenheit regeln. Er lädt die verschiedenen Parteien mit ihren unterschiedlichen und widersprüchlichen Positionen zu Einzelgesprächen ein. Nachdem er den ersten Interessenvertreter angehört hat, bringt er ihn zur Tür, schüttelt ihm die Hand und sagt zu ihm: „Ich kann Sie gut verstehen. Ich teile Ihren Standpunkt. Sie haben ganz recht." Dann empfängt er einen Vertreter mit einer ganz anderen Position. Nachdem er ihn angehört hat, bringt er auch ihn zur Tür, schüttelt ihm die Hand und versichert ihm: „Ich kann Sie gut verstehen. Ich teile Ihren Standpunkt. Sie haben ganz recht." Dann empfängt er einen dritten Vertreter mit noch einer ganz anderen Position. Diese steht in krassem Gegensatz zu der seiner beiden Vorgänger. Nach dem Gespräch verabschiedet der Bürgermeister aber auch diesen Gesprächspartner mit den Worten: „Ich kann Sie gut verstehen. Ich teile Ihren Standpunkt. Sie haben ganz recht." Nachdem die drei gegangen sind, stellt sein Sekretär, der die ganze Zeit anwesend gewesen war, ihn zur Rede: „Wie können Sie denn zu allen sagen: ‚Sie haben ganz recht'? Die vertreten doch ganz unterschiedliche Interessen und gegensätzliche Standpunkte!" Antwort des Bürgermeisters an den Sekretär: „Da haben Sie ganz recht."

Wahrheitspluralismus als Allheilmittel für alle Konflikte?

Während unser Bürgermeister zunächst mit dem Wohlwollen aller möglichen Parteien rechnen kann, sind die monotheistischen Religionen in die Kritik geraten, vertreten sie doch vermeintlich einen unduldsamen Ausschließlichkeitsanspruch: *Hat nicht der exklusive Geltungsanspruch des christlichen Glaubens viel Not über die Welt gebracht? Führt es nicht zu Fanatismus und Unmenschlichkeit, wenn die Vertreter der einen Religion meinen, sie allein seien die wahren Gläubigen? Und hängt nicht sogar der Weltfrieden ein Stück weit davon ab, dass es endlich Frieden gibt zwischen den Religionen?* Aber wie soll der erreichbar sein? Antwort: Ganz einfach. Man muss nur einsehen: Alle haben recht! Jede Religion hat ihre Wahrheit, keine darf der anderen ihre Wahrheit absprechen.

Alle haben recht? Alle sagen die Wahrheit, auch wenn sie sich widersprechen? – Das kann doch gar nicht sein – so denkt der gesunde Menschenverstand.

Alle haben recht? Alle sagen die Wahrheit, auch wenn sie sich widersprechen? – Das kann doch gar nicht sein – so denkt der gesunde Menschenverstand. „Doch! – Genau das musst du glauben", mutet uns eine Einstellung zu, die inzwischen in vielen Bereichen des öffentlichen und auch kirchlichen Lebens immer mehr an Einfluss gewinnt. *Es gibt nicht nur eine Wahrheit, sondern viele. Wer wollte hier so engstirnig sein?* Und wäre es nicht intolerant, dem anderen *seine* Wahrheit zu bestreiten? Kann und darf nicht jeder denken, was und wie er will?

Dieser Wahrheitspluralismus – *alle haben recht, auch wenn sie sich noch so sehr widersprechen und einander widersprechende Positionen vertreten* – scheint für viele nicht nur das Mittel zu sein, um Konflikte zwischen den Religionen zu vermeiden, sondern auch um z. B. die Probleme einer Kirche zu lösen, die darunter leidet, ja daran zu zerbrechen droht, dass es in ihr die verschiedensten Gruppen und Grüppchen, Parteien und Positionen gibt: Charismatiker und Dritte-Welt-Initiativen, die Evangelische Sammlung um Bibel und Bekenntnis und die Bewegung des konziliaren Prozesses für Gerechtigkeit, Frieden und Bewahrung der Schöpfung, Pietisten, für die der Sühnetod Christi das Fundament und die Mitte ihres Glaubens ist, und Radikal-Feministinnen, die das Kreuz nur verachten können als Ausdruck des Glaubens an einen blutrünstigen, patriarchalen und rachsüchtigen Gott.

Wie können solche Gruppen nebeneinander und miteinander in einer Kirche leben? *Ganz einfach: Es gibt doch nicht nur eine Wahrheit, es gibt doch viele! Jede Gruppe soll die Wahrheit der anderen respektieren, keine darf der anderen die Wahrheit absprechen.*

Diese Strategie kann natürlich auf andere gesellschaftliche Gruppen übertragen werden. Sie „funktioniert" im Prinzip überall.

Christen sind gefordert

Dieser Wahrheitspluralismus hat dort, wo er sich durchsetzt, freilich einschneidende Konsequenzen:

Eine kritische Auseinandersetzung um die Wahrheit ist dann gar nicht mehr möglich. Warum? Weil ja kein Maßstab mehr gegeben ist und weil jede Möglichkeit fehlt, davon zu sprechen, dass etwas falsch ist. Wenn das Programm ist: *Jeder hat recht*, ist Auseinandersetzung um die Wahrheit müßig. Sie ist überflüssig wie ein Kropf. Es *soll* sie nicht mehr geben.

Das Individuum ist sich selbst letzte, absolute Wahrheit

Das bedeutet einerseits ein Plus an individuellen Handlungsmöglichkeiten, andererseits aber auch einen Verlust an Orientierung. Als Beispiel mag die Diskussion um die Wahl der sexuellen Orientierung dienen, die inzwischen schon gar keine Diskussion mehr ist, es nicht mehr sein darf: Darf nicht jeder leben, wie er will? Wer wollte einem anderen denn da hereinreden? Jeder darf seine individuelle sexuelle Prägung wählen. Ob ich mich heterosexuell, homosexuell oder bisexuell verhalte oder mich im Anschluss an eine radikale Genderperspektive weigere, ein Geschlecht überhaupt als ein Identitätsmerkmal anzuerkennen, und hier nur noch Rollen akzeptiere, in die ich wechselnd schlüpfen kann, grundsätzlich gilt: Jeder und jede hat hier – wie auf anderen Feldern – seine und natürlich ihre Wahrheit. Jedes Individuum *ist* sich seine absolute Wahrheit. Und das heißt eben auch: Es gibt hier keine überindividuelle Wahrheit, die als Kriterium ins Gespräch

und Spiel zu bringen wäre. Es kann und es soll nicht mehr darüber ge-
stritten und darum gerungen werden, was richtig ist für eine Gesellschaft
und den Einzelnen.

Auf so etwas wie Schöpfungsordnungen verweise man in einem solchen
Zusammenhang besser nicht, denn das gilt als absoluter Anachronismus –
nicht etwa, weil es so etwas nicht geben könnte, sondern weil keine Instan-
zen denkbar sind, die dem Individuum vorgegeben wären. Das Individuum
ist das Absolute. Ein anderes Absolutes mit über-individueller Geltung kann
es darum nicht geben. Wer die Frage nach dem Willen Gottes für den Menschen als Mann und Frau stellt, verhält sich absolut gegenläufig zu diesem
Trend. Entsprechendes gilt für die ethische Bewertung von ehelichen und
nichtehelichen, gebundenen oder nicht-gebundenen, etwa in wechselnden
Bindungen sich vollziehenden Lebensformen. Es gibt hier keine überindividuelle Wahrheit mehr. Und es soll hier auch keine überindividuelle Wahrheit geben – ganz gleich, wie diese aussieht.

Das moderne Individuum subjektiviert die traditionellen Werte und
Orientierungen wie Wahrheit, Gerechtigkeit, Vernunft in umfassender
Weise. Es richtet sich nicht mehr nach der Wahrheit aus, es macht Wahrheit
zu seinem Prädikat. Mit der Saugkraft eines „schwarzen Loches" zieht es alle
früher „objektiven" Geltungen in sich hinein. Wahr ist etwas nicht mehr an
sich, sondern weil ein Individuum es vertritt.

Die Gleich-Gültigkeit aller Lebensentwürfe und Verhaltensoptionen

Die westliche Gesellschaft ist bereit, einen hohen Preis für diese Absolut-
setzung des Individuums zu zahlen. Die Frage, was diese „Optionen" kosten und ob jede Organisation des individuellen Lebens gleich-gut ist, darf
nicht mehr gestellt werden, zu hoch ist das Gut absoluter individueller Freiheit. Es gilt ja grundsätzlich die Gleich-Gültigkeit aller Lebensformen als
Wahrheiten, im doppelten Sinne des Wortes.

Nur am Rande sei bemerkt: In scheinbar verblüffendem Gegensatz dazu
steht eine Re-Moralisierung des gesellschaftlichen Lebens auf Feldern von
deutlich untergeordneter Bedeutung. Es ist ja geradezu erstaunlich, in wel-

chem vorher nicht gekannten Umfang die Politik auf anderen Feldern in das persönliche Leben eingreift und sich durch den gesellschaftlichen Diskurs dazu legitimiert sieht, etwa durch nahezu umfassende Rauchverbote oder den Druck, der immer massiver auf Ernährungsgewohnheiten ausgeübt wird. Ein auch in der Postmoderne bleibendes Orientierungsbedürfnis des Menschen tobt sich auf Nebenkriegsschauplätzen aus. Um die Frage, wo der Mensch das ewige Leben verbringt und was der Sinn des Lebens ist, darf im Ernst nicht mehr gerungen werden. Dafür ist ein erbitterter Streit um Kalorien und Zigaretten entbrannt.

Grundsätzlich aber gilt: Eine sich absolut setzende Tendenz zu immer weitergehender Erweiterung von Handlungsoptionen wehrt sich gegen alle Bewertungen, Urteile und Begrenzungen durch „objektives", übergeordnetes Wissen. Wissenschaft wird im Gegenteil dadurch instrumentalisiert, dass jedes Individuum und jede gesellschaftliche Subkultur – wenn es denn sein muss – die wissenschaftliche(n) Expertise(n) zur Hand hat, die es braucht, um seine individuelle Freiheit zu schützen.

Der Preis für die programmatische Pluralität unterschiedlichster Wahrheiten ist hoch, besonders für die Kirchen: Ist denn eine Kirche, die um die Wahrheit nicht mehr ringt, überhaupt noch Kirche?

Die Konsequenzen eines sich ausbreitenden, teilweise programmatischen Wahrheitspluralismus sind auch hier gravierend: So sehr man es auch begrüßen mag, dass zahlenmäßig vorherrschende Wertesysteme sich nicht mehr einfach universal durchsetzen und es im Rahmen der Pluralität einen effektiven Minderheitenschutz gibt; so erfreulich es ist, wenn die Macht übermächtiger moralischer Positionen zurückgedrängt wird – der Preis für die programmatische Pluralität unterschiedlichster Wahrheiten ist hoch, besonders für die Kirchen: Ist denn eine Kirche, die um die Wahrheit nicht mehr ringt und, wenn es darauf ankommt, für die Wahrheit nicht mehr streitet, überhaupt noch Kirche, ist sie noch evangelische Kirche, ist sie noch Kirche für die Welt? Wird in einer durch postmoderne Grundsätze bestimmten Kultur auch der letzte Repräsentant eines modernen, überindividuellen Wahrheitsbegriffes in seiner Bedeutung immer mehr relativiert und ausgehöhlt? Auf der anderen Seite, die Gleich-Gültigkeit aller möglicher Positionen einmal vorausgesetzt: Wie will man sich effektiv etwa mit wirklich gefährlichen Sekten und Weltanschauungsgemeinschaften und ihren totalitären Organisationsformen auseinandersetzen, wenn es denn die Wahrheit, das Gute, das Richtige nicht mehr gibt?

Mission ist überflüssig

Eine weitere, für den christlichen Glauben, aber auch für andere Religionen relevante Konsequenz: Mission wird überflüssig. Verkündigung des Evangeliums, die mehr ist als das unverbindliche, „freibleibende" Angebot einer netten Religion und Weltanschauung, ist in ihrem Anliegen schon nicht mehr sinnvoll denkbar. Wenn jeder seine Wahrheit schon hat, warum soll ich ihm dann noch Wahrheit, die doch bloß *meine* Wahrheit ist, aufdrängen? Wenn es viele Wahrheiten gibt, ist es dann nicht arrogant, hinterwäldlerisch und letztlich auch eine Bedrohung des Friedens zwischen Menschen und Religionen, wenn eine Partei der anderen unbedingt ihre Wahrheit aufdrängen will? Mission als Verkündigung, Ausbreitung der Wahrheit, die für alle gilt, – das kann man unter den Voraussetzungen des Wahrheitspluralismus schon gar nicht mehr denken. Wäre die Propagierung eines solchen Wahrheits- und Gültigkeitsanspruches etwas anderes als der geschickte Versuch, sich unter dem Deckmäntelchen „der Wahrheit" am Markt durchzusetzen? Bedeutet die Artikulation eines Wahrheitsanspruches etwas anderes als religiöse Selbstbehauptung? Ist dies nicht lediglich der Versuch, andere am Weltanschauungsmarkt zu verdrängen? Es ist nun ebenso bemerkenswert wie erfreulich (betrachtet vom Standpunkt dessen, der an einem exklusiven Geltungsanspruch der Wahrheit Christi festhält), dass die Themen Mission und Evangelisation in wachsenden und weiten Teilen evangelischer Kirche(n) und Theologie neue und positive Beachtung finden. Dafür war die „Missions"-Synode der EKD 1999 in Leipzig so etwas wie ein Startschuss. Es ist erfreulich und sachlich notwendig, dass das Positions- und Programmpapier der EKD „Kirche der Freiheit" Mission nicht nur aus pragmatischen Gründen thematisiert, also schlicht aus Gründen des Selbsterhalts und also um den Mitgliedschaftsbestand zu stabilisieren und neue Mitglieder zu gewinnen, sondern hierfür auch theologische Gründe namhaft macht, die sogar Anlass geben zur Gründung eines eigenen Kompetenzzentrums Mission. Zweierlei darf aber über diesen Vorgängen nicht übersehen werden, sondern muss vielmehr in Zukunft in den Fokus theologischer und kirchlicher Reflexion treten:

1. Ein wie auch immer gearteter inhaltlicher Geltungsanspruch ist mit dem postmodernen Umfeld von Kirche nicht kompatibel. Er wird in ihm notwendig missverstanden. Akzeptabel sind Hilfeleistungen und freundliche religiöse Angebote. Sobald Kirche signalisiert, dass es um mehr geht, wird ihre oft nur vordergründige Akzeptanz schnell abnehmen.

2. Darum ist eine Ausarbeitung der Wahrheitsfrage im postmodernen Kontext notwendig. Und das heißt auch, dass sich evangelische Theologie ganz neu fragen muss, was denn warum am christlichen Glauben und seiner Botschaft unverzichtbar ist; traditionell ausgedrückt: worin denn seine Heilsbedeutung besteht bzw. worin sie begründet ist.

Wenn jeder seine Wahrheit schon hat, warum soll ich ihm dann noch Wahrheit, die doch bloß meine Wahrheit ist, aufdrängen?

Rückfragen

Freilich, so anachronistisch ein Reden von und Ringen um Wahrheit – im Singular! – wirkt:

- Ist es verantwortbar, auf das Ringen um Wahrheit, um das Richtige und Gerechte, das Schöne und das Gute zu verzichten?
- Ist es redlich, auf das Zeugnis für die Wahrheit zu verzichten?
- Ist das noch Kirche Jesu Christi, die keine Mission mehr treibt, die darauf verzichtet, alle Welt zum Glaubensgehorsam gegenüber dem einen Herrn der Welt zu rufen (vgl. Röm 1,5)?
- Wir können auch fragen: Ist das Islam, der darauf verzichtet, Allah als den einen und einzigen Gott in aller Welt auszurufen und alle Welt unter die Herrschaft des Propheten zu bringen?
- Philosophisch gefragt: Gibt es tatsächlich viele Wahrheiten? Gibt es nicht nur die eine? Was würde es bedeuten, wenn wir nicht nur mit einer Mehrzahl von Wahrheits*ansprüchen* zu rechnen hätten, also einer Konkurrenz verschiedener menschlicher Theorien um die Wahrheit, sondern tatsäch-

lich mit einer Mehrzahl von Wahrheiten, die – alle wahr – zueinander im Verhältnis gegenseitigen Ausschlusses stehen? Nur in diesem Fall handelt es sich um kontradiktorische Widersprüche und nicht lediglich um verschiedene Perspektiven, die einander ausschließen. Verschiedene (!) Wahrheiten könnten nur erst dann vorliegen, wenn dasselbe zur selben Zeit und aus demselben Blickwinkel tatsächlich gleichzeitig eindeutig so – und gleichzeitig auch tatsächlich grundsätzlich anders wäre.

Auseinandersetzung mit dem Wahrheitspluralismus ist nötig. Dazu müssen wir uns zunächst mit dem philosophischen Hintergrund unserer Frage beschäftigen und verschiedene Wahrheitskonzeptionen skizzieren. Ganz offenbar hängt die Frage nach dem Verhältnis von Wahrheit und Toleranz ganz entscheidend von der Frage ab, was jeweils unter „Wahrheit" verstanden wird und für welchen Begriff von Wahrheit wir uns entscheiden. Diese Wahl haben wir. Wir sollten allerdings die Konsequenzen des jeweiligen Wahrheitsdenkens bedenken, bevor wir uns einem bestimmten Konzept von Wahrheit anschließen.

2) Wahrheit denken – im Singular oder im Plural?

Zunächst ist es wichtig, dass wir uns vergegenwärtigen: Man hat nicht immer so über Wahrheit gedacht, und es kann helfen, wenn wir uns klarmachen, was denn die Gründe für das veränderte Wahrheitsdenken, die veränderte Einstellung der Menschen zur „Wahrheit", sind. Ganz grob kann man im Nachdenken über Wahrheit drei Phasen unterscheiden, oder besser: drei Formen, Wahrheit zu denken.

Diese drei Weisen des Wahrheitsdenkens lösen einander nicht einfach ab, auch wenn die Kennzeichnungen Vor-Moderne, Moderne und Post-, also Nach-Moderne, das nahelegen. Es geht vielmehr um drei verschiedene Typen des Denkens über Wahrheit, die in einer Kultur auch nebeneinander stehen können.

Die Vormoderne

Zunächst zur Vormoderne. Zu denken ist in unserer Geschichte und in unserem westlichen Kulturkreis an das – gar nicht so dunkle – Mittelalter. Die mittelalterlichen Denker sind zugleich Theologen und Philosophen. Sehr pauschal kann man sagen: Glauben und Denken fallen für sie im Wesentlichen zusammen. Für dieses Wahrheitsdenken ist klar:
1. Es gibt Wahrheit.
2. Es gibt nur eine Wahrheit, und
3. man kann im Prinzip auch sagen, was die Wahrheit ist.
Glaube und Vernunft wissen um dieselbe Wahrheit, die durch göttliche Offenbarung den Menschen explizit mitgeteilt worden ist. Das Buch der Natur, das Buch der Geschichte und das Buch der Offenbarung weisen alle auf dieselbe Wahrheit hin. Die Frage nach Widersprüchen zwischen Glaubens- und Vernunfterkenntnis wird theoretisch immer wieder diskutiert, diese werden aber von den großen mittelalterlichen Systemen, die gerade die *Synthese,* also die Harmonie, ja sogar die Einheit von Glauben und Denken suchen, grundsätzlich ausgeschlossen.

Die Moderne

Wir kommen zur zweiten Art und Weise, Wahrheit zu denken. Wir finden sie vor allem in den Epochen kritischer Rationalität, im griechisch-abendländischen Nachdenken über die Frage, ob die Vernunft zur Erkenntnis der Wahrheit fähig ist. In der jüngeren Philosophiegeschichte reden wir vor allem von den Epochen Neuzeit, Aufklärung und Moderne. Hier ist bei allen Unterschieden klar:
1. Es gibt Wahrheit.
2. Es gibt selbstverständlich nur eine Wahrheit, aber
3. was diese Wahrheit ist, darüber muss man streiten. Das steht nicht fest, steht nicht mehr zweifelsfrei in den offenbarten Büchern geschrieben.
Als Beispiel vergegenwärtigen wir uns das Unternehmen Wissenschaft. Sie ist ein einziges Ringen um die Wahrheit, die richtige Erkenntnis, aber eben unter der entscheidenden Voraussetzung, dass es nur eine Wahrheit über

diese Welt gibt. Sonst hätte Wissenschaft, das wissenschaftliche Ringen um Wahrheit, keinen Sinn – selbst noch hinter dem auch in jüngerer Zeit wieder aktuellen Ringen um die Formulierung einer Weltformel steht dieser wissenschaftliche Wille, die Wahrheit über die Welt zu erkennen.

So besteht ja eine der ganz großen Herausforderungen für physikalische Forschung in der Zusammenführung einerseits der Erkenntnisse der allgemeinen und speziellen Relativitätstheorie und andererseits der Einsichten der Quantentheorie zu einer einheitlichen Theorie.

Wissenschaft ist nicht Theorientoleranz, sondern im Gegenteil Theorienverdrängung.

Wissenschaftliche Erkenntnis lebt geradezu von der Konkurrenz der Wahrheitsansprüche, mit anderen Worten: der *Konkurrenz* unterschiedlicher, miteinander wetteifernder Erklärungsansätze. Auf die Idee, mit Hinweis auf mögliche persönliche Konflikte und Unstimmigkeiten im Zusammenleben die alternative, widersprechende Theorie des Herrn Kollegen stehen zu lassen, kommt hier niemand. Wenn sich ein solches Gebaren durchsetzen würde, wäre das der Tod der Wissenschaft, genauso wie es im Rechtswesen der Tod einer an der Idee der Gerechtigkeit orientierten Rechtssetzung und Rechtsprechung wäre. Wissenschaft ist nicht Theorientoleranz, sondern im Gegenteil Theorienverdrängung. Wenn die eine stimmt, dann können die anderen, alternativen, im Widerspruch zu ihr stehenden, eben nicht stimmen. Der beispiellose Erfolg in der Geschichte der Entwicklung des menschlichen Geistes ist anders als durch diesen Ansatz nicht erklärbar.

Diese Idee kritischer Rationalität zielt auf die Konkurrenz, den Wettbewerb und das Überleben der besten Theorie ab und steht damit programmatisch für den *Konflikt auf der Sachebene*. Damit hebt sie aber zugleich den Konflikt auf die Ebene der Theorie und entlastet die zwischen-menschliche Ebene von Konflikten! Um eine Theorie zu beseitigen, müssen nun nicht mehr Köpfe rollen. Das ist rationale, vernünftige Toleranz! Sie ermöglicht aber gerade dadurch den Konsens und die *Harmonie auf der Beziehungsebene* und damit ein friedliches Zusammenleben. Nun müssen nicht mehr Personen sterben, sondern nur noch Positionen – nicht mehr Menschen, deren Theorien missliebig sind, sondern nur noch die Theorien, die falsch sind und widerlegt werden können.

Gerade dieses Beispiel kritischer Rationalität und der mit ihr gegebenen

Wahrheitskonkurrenz zeigt, dass es auf die richtige Verhältnisbestimmung von Sach- und Beziehungsfragen ankommt, dass schon die Unterscheidung von „Toleranz" in Sachfragen und Toleranz gegenüber Personen hilfreich ist und dass das „intolerante" Austragen von Konkurrenzen um die Wahrheit gerade *Bedingung der Toleranz* zwischen Menschen sein kann. Noch einmal: Wo nicht die Persontoleranz von der Sachfrage getrennt wird, kann nicht zwischen dem Tod von Theorien und dem Tod von Personen unterschieden werden. Da muss man, um eine Position zu beseitigen, auch ihren Träger beseitigen, mindestens unglaubwürdig machen und verunglimpfen.

Theologisch ist die Konkurrenz zwischen verschiedenen Wahrheitsansprüchen seit dem Neuen Testament unabdingbar. Anders als die von Papst Benedikt XVI. wiederholte, beeindruckende Synthese von Glaube und Vernunft im römischen Katholizismus es nahelegt,[2] weiß ein von der paulinischen Kreuzestheologie herkommender protestantischer Theologieansatz, dass das Verhältnis von Glaubens- und Vernunfterkenntnis dialektisch, also durchaus im Gegensatz zueinander, und nicht einlinig harmonisch gesehen werden muss. So sehr die *Vernunft* eine gute Gabe Gottes ist, wo sie als solche gebraucht wird, so sehr sie zum *Instrument des Aufstands gegen Gott* werden: Eine Vernunft, die sich aus der Gottesbeziehung gelöst hat und die die Mitte der Offenbarung des lebendigen Gottes, nämlich das Kreuz Jesu Christi, als „Torheit", „Unsinn" qualifiziert, enttarnt sich damit, so der Apostel Paulus, selbst als Dummheit, Torheit und Unsinn. Von der Erfahrung des Aufstandes einer sich verselbstständigenden Vernunft her weiß mindestens protestantische Theologie darum, dass es zu einer Konkurrenz und zum bitteren Konflikt zwischen den Wahrheitsansprüchen der Vernunft, „der" Wissenschaft einerseits und solchen des Glaubens, der „Offenbarung" andererseits kommen kann.

Postmoderne (Nachmoderne)

Nach der Moderne kommt die Postmoderne, wobei es auch in der Epoche der Postmoderne *moderne* und *vor-moderne* Einstellungen geben kann. Es geht hier *mehr um eine Typisierung als um eine Periodisierung*: Bereits in der Antike hat es einen sehr „modernen" – bis heute modernen – Vernunftbegriff gegeben, und es sind antike Aufklärer, die sich bereits mit pluralistischen Wahrheitskonzepten auseinandergesetzt haben, um dann aber zur Überzeugung bloß einer Wahrheit zu kommen.

Die Wahrheit als Erzählung

Postmoderne meint also nicht eine definitive Ablösung der Moderne oder Vormoderne, sondern eine andere Weise, den Begriff Wahrheit zu gebrauchen und „Wahrheit" zu denken – einen Typ freilich, der *nach* der Moderne vorherrschend wird und der sich in nahezu allen Bereichen unserer Kultur und unseres Zusammenlebens mehr und mehr durchsetzt. Diese postmoderne Kulturphilosophie ergibt sich zeitlich und sachlich als Ablösung unserer vorwiegend modernen Lebenseinstellung und des durch den Fortschritt von Wissenschaft und Technik bestimmten Weltverhältnisses. Die Bedeutung der kritischen Vernunft, die unglaubliche Dynamik des technischen Fortschritts, die Suche nach der wissenschaftlichen Wahrheit, das Streben nach der sozialen Gerechtigkeit, auch das Streben nach einer sich vor allem in Architektur und bildender Kunst ausdrückenden schönen Formensprache („Bauhaus"!) – das alles sind aus der Sicht der Postmoderne nur „große (Meta-)Erzählungen" (François Lyotard): große, faszinierende Ideen, an denen man sich begeistern kann, aber doch eben nur mit dem Verbindlichkeitsgrad von etwas, was man sich so erzählt, und folglich ohne Letztgeltungsanspruch.

Die „großen Erzählungen" (François Lyotard): große, faszinierende Ideen, an denen man sich begeistern kann, aber doch eben nur mit dem Verbindlichkeitsgrad von etwas, was man sich so erzählt.

Es soll nicht mehr „die Wahrheit" geben

Wir leben mitten im Wechsel von der Moderne zur Postmoderne. Das philosophische Kennzeichen der Postmoderne ist der Wahrheitspluralismus. Für die Postmoderne ist klar:

1. Es gibt zwar Wahrheit, aber
2. es gibt nicht nur eine, sondern viele Wahrheiten. Jeder Mensch hat seine Wahrheit; jede Religion hat ihre Wahrheit. Jeder muss die Wahrheit, die zu ihm passt, herausfinden, oder deutlicher noch: für sich erfinden. Der eingangs beschriebene Wahrheitspluralismus ist konstitutiv für die Postmoderne.

Wahrheit gilt immer nur für mich

Meine Wahrheit ist *per definitionem* nur meine Wahrheit und nicht die anderer. Wahrheit hat das Charakteristikum verloren, etwas Verbindendes, weil – im Prinzip – für alle Gültiges zu sein. (Suche nach) Wahrheit verbindet nicht mehr. Sie separiert, trennt.

Die nahezu universale Falschheit individueller Wahrheit

Klar ist auch: So sehr die individuelle Wahrheit für den Einzelnen gilt, so sehr ist sie nicht mehr wahr, sondern falsch für andere. Wahrheit ist also gerade nicht mehr Wahrheit auch für andere, sie ist – abgesehen von mir selber – nicht universal wahr, sondern im Gegenteil universal falsch. Das ist ein Teil des Preises dafür, immer recht zu haben, aber nur für sich selber; (die) „Wahrheit" zu haben, aber nur für sich selber.

Streiten für den Streit um die Wahrheit

Ein schönes Beispiel für die postmoderne Privatisierung und Individualisierung der Wahrheit begegnet in dem Satz: „Jesus Christus ist der Herr, selbstverständlich – für Christen." Das heißt: Christen dürfen heute, selbstverständlich, glauben, dass Jesus Christus der Herr ist. Aber diese Aussage gilt – natürlich – nur für Christen. Es ist *ihre* Wahrheit, ihre Privat-Wahrheit, ihre Gruppen-Wahrheit, sprich: Ideologie. Sie als allgemeingültige Wahrheit zu behaupten, hieße, die christliche Wahrheit andern aufzuzwängen, die doch gar keine Christen sind. Und wäre das nicht unfair, ein Akt intellektuellen Imperialismus? Ein Christusbekenntnis mit allgemeingültigem Anspruch ist heute nicht nur alles andere als politisch korrekt, es kann gar nicht mehr verstanden werden. Es kann in postmodernen Zeiten nur noch begriffen werden als Akt intellektueller Aggression, als ein den Frieden zerstörender Herrschaftsanspruch.

Während dieses Herr-Sein Christi in der Moderne denkbar, aber eben umstritten war (*„Ich kann zwar denken, dass Christus der Herr der Welt ist, aber ich weiß eben nicht, ob diese Wahrheitsbehauptung zutrifft.“*), kann dieses universale Bekenntnis der Christen in seinem Ursprungssinn heute gar nicht mehr nachvollzogen werden. Natürlich dürfen sich Christen zu ihrem Gott bekennen, aber nicht ihren Gott zum Gott der ganzen Welt erklären. Sich mit einer solchen imperialen Geste einen Platzvorteil auf dem religiösen Markt zu verschaffen, ist illegitim.

Eine solche Eingrenzung eines ursprünglich und der Sache nach universal gemeinten Wahrheitsanspruches wird dessen Ursprungssinn natürlich nicht gerecht und beschneidet damit das christliche Bekenntnis massiv. Hier zeigt sich nun, dass *dieser Wahrheitsbegriff selber intolerant ist und unterdrückerische Züge* trägt, insofern er christliche und andere religiöse wie weltanschauliche Geltungsansprüche zensiert – wir werden gleich noch ausführlicher darauf zu sprechen kommen (S. 29).

Christlich ist Jesus nur dann angemessen zur Geltung gebracht, wenn er der Herr der ganzen Welt ist, wenn sich vor ihm einmal die Knie aller beugen werden (vgl. Phil 2,10). Was auch soll die Anbetung Christi als Herrn für einen Sinn machen, wenn er nur „mein Herr“ ist? Christen verehren Christus deshalb als Herrn/*kyrios*, weil ihm auf Grund des stellvertretenden Todes am Kreuz die ganze Welt gehört und weil er durch die Auferstehung gezeigt hat, dass er Herr ist selbst über die größte, alles bestimmende Macht: den Tod. Das kann, wenn es sinnvoll sein soll, nicht nur für Christen wahr sein.

Es ist deutlich: Es reicht heute nicht, wenn wir von „der Wahrheit des Evangeliums“, von „der Wahrheit des Osterglaubens“, von „der Wahrheit des Sühnetodes Christi“ sprechen. Sofern damit keine exklusiven, andere Wahrheiten bestreitenden Wahrheitsansprüche verbunden werden, würde dem heute niemand widersprechen. Denn das wäre ja ebenfalls politisch inkorrekt, einem Menschen oder einer Gruppe von Menschen die Wahrheit ihres Bekenntnisses zu bestreiten. Auf welcher Basis auch sollte und könnte das geschehen, wo wir doch den für alle verbindlichen Wahrheitshorizont nicht mehr haben, nicht mehr haben *sollen.*

Ein solches Bekenntnis zur Wahrheit des christlichen Glaubens wäre also möglich und es würde im postmodernen Kontext auch ohne Widerspruch bleiben, aber es würde eben auch ohne Konsequenzen bleiben, wo es nicht mehr nur eine, sondern viele Wahrheiten gibt.

Es reicht heute nicht, wenn wir von „der Wahrheit des Evangeliums" sprechen. Sofern damit keine exklusiven Wahrheitsansprüche verbunden werden, würde dem heute niemand widersprechen.

Die entscheidende Frage, die sich hier ergibt, lautet: Wie sollen Christen und andere Menschen, die ihre Überzeugung nicht postmodern fassen können und wollen, sondern den postmodernen Wahrheitsbegriff als Prokrustesbett empfinden, der ihren Glauben zensiert und ihr Bekenntnis unzulässig einengt, ihre Überzeugung artikulieren? Natürlich müssen verschiedene Dialogsituationen und -ebenen unterschieden werden:

1. Der Lebensdialog, das meint die Begegnung von Angehörigen verschiedener Religionen im alltäglichen Leben,
2. der Egg-head-Dialog, das meint den akademischen Dialog, der isoliert vom Alltag der Religionsbegegnung stattfindet,
3. eine Begegnung, die beide Ebenen, die intellektuelle und die des Lebens, umfasst.

Es gibt Lebenssituationen, in denen ein theoretisches christliches Wahrheitszeugnis absolut unorganisch und aufgesetzt wirken würde und in denen vor allem zählt, ob und wie ein Christ seinen Glauben lebt und ob hierin die Wahrheit seiner Christusbeziehung erkennbar wird. Die folgenden Ausführungen spielen für solche Lebenszusammenhänge höchstens im Sinne einer Hintergrundklärung eine Rolle. Sie sind freilich Bestandteil des Lebenszeugnisses, das als *martyrion*, als Zeugnis, ja schnell zum *Martyrium* werden kann. Es ist in bestimmten Lebenslagen nicht nur sinnvoll, sondern notwendig, zu wissen, warum ich mein Leben nicht für eine von vielen gleich-gültigen Wahrheiten, sondern für die eine Wahrheit einsetze.

Anders steht es, wenn im Rahmen einer akademisch-intellektuellen Reflexion der Status des Wahrheitsanspruches des christlichen Glaubens zur Klärung ansteht. Hier sind philosophische Überlegungen unabdingbar.

Dann gibt es Lebenslagen, in denen sich beides verbindet, in denen eine Begegnung mit Menschen anderer religiöser und weltanschaulicher Einstellung Gelegenheit bietet zu erkenntnistheoretischen Klärungen bzw. diese sogar notwendig macht. Auch hier müssen wir uns darüber unterhalten, was Wahrheit ist.

Wir fragen nicht nur: Aus welchen Gründen können sich *Christen* nicht auf das Format eines postmodernen Wahrheitspluralismus einlassen? Die Gründe, die wir formulieren, beanspruchen vielmehr auch universelle Geltung – ganz im Gegensatz zum postmodernen Verzicht darauf. Sie sind für alle interessant, die einen Wahrheitsanspruch vertreten, der nicht nur auf individuelle Geltung abhebt. Wir wollen Argumente formulieren, die nicht nur auf der Basis des christlichen Glaubens plausibel sind, sondern die einen Beitrag zu einer Metatheorie von Rationalität liefern und zur Klärung der Frage beitragen, wie tragfähig und hilfreich ein postmoderner Wahrheitspluralismus ist.

Vor der Fratze des Nihilismus: Was auf dem Spiel steht

Klar ist im postmodernen Kontext: Wenn wir die Wahrheit des Evangeliums zur Geltung bringen wollen, müssen wir heute schon dafür eintreten, dass es überhaupt die *eine* Wahrheit gibt, um die dann mit dem Nächsten zu ringen ist, weil sie auch ihm gilt und darum auch für ihn verbindlich ist. Es geht also letztlich um die Frage, ob sich missionarische Religionen heute, im postmodernen Kontext mit seinen Denk- und Artikulationsverboten, überhaupt angemessen, entsprechend ihrem Selbstverständnis, ausdrücken können und dürfen – und damit im Kern um eine philosophische Auseinandersetzung mit höchster, auch politischer, Brisanz. Wer heute christlichen Glauben implizit oder explizit zum Ausdruck bringt, ganz gleich, ob er ihn bekennt oder mit Engagement lebt, trifft damit schon eine philosophische Vor-Entscheidung von letztem, äußerstem Gewicht.

Nun richtet sich die Wirklichkeit bekanntlich nicht nach unseren Wünschen und ebenso wenig haben wir – niemand von uns – die Möglichkeit, den Standpunkt Gottes einzunehmen, der es uns erlauben würde zu sagen: *„Es gibt nur eine universale Wahrheit, die für alle gilt"* oder: *„Es gibt mehrere,* *immer individuelle Wahrheiten".* Trotzdem stehen wir vor der Notwendigkeit der Wahl zwischen diesen zwei Optionen:

1. Dem Wahrheits*monismus*: Es kann nur eine Wahrheit geben. Diese ist vielleicht nicht einfach offenbar. Wir müssen um ihre rechte Erkenntnis ringen. Wir können uns gegebenenfalls sogar irren, wenn wir sie zu erkennen suchen. Aber es gibt sie, und die Suche nach ihr ist sinnvoll. Die Würde und die Größe unserer menschlichen Existenz besteht eben darin, dass wir die Sinnfrage stellen können und müssen, unabhängig von der Frage, ob wir sie alle in derselben Weise beantworten und ob wir überhaupt eine Antwort finden. Dies ist die *metaphysisch-theistische Option* – es gibt also letzte Fragen und für diese Fragen auch *eine* Antwort, sodass die Suche danach sinnvoll ist, und in diesem Sinne auch *einen* Gott.

2. Dem Wahrheits*pluralismus*: Es gibt diese *eine* Wahrheit nicht, genauso wenig wie *die* Vernunft, *das* Gerechte, *das* Schöne. Alle diese Begriffe suggerieren eine Allgemeingültigkeit, die de facto nicht gegeben ist. „In Wahrheit" handelt es sich immer nur um individuelle Hervorbringungen des menschlichen Geistes, und jeder Einzelne füllt sie nach seinem eigenen Gusto. Damit gibt es dann auch keinen letzten Sinn mehr im Leben. Es gehört zum Erwachsenwerden des einzelnen Menschen wie der menschlichen Rasse, dass wir diesen Sachverhalt einsehen: „Wir müssen die Sinnsuche als Irrweg erkennen, wir müssen uns jenseits von Sinn einrichten. Sinnlosigkeit entlastet. Sinnlosigkeit macht frei. Die Suche nach Sinn ist ein überwundenes Stadium der Menschheitsgeschichte. Die Zukunft kommt ohne Sinn aus."[3] Die Wahrheit ist, dass es die Wahrheit nicht gibt. Dies ist die *nihilistisch-„polytheistische" Option.* (Das meint natürlich nicht den Polytheismus in einem religionsgeschichtlichen Sinne, sondern einen Polytheismus als Weltanschauung und Philosophie, der verschiedene Götter im Sinne von Absoluta, Wahrheiten nebeneinander stehen lässt.) Es gibt keinen letzten Sinn hinter den Dingen und in diesem Sinn auch nicht den einen Gott – sondern jeder ist selber dafür verantwortlich, sich seine Götter zu schaffen.

Es geht nicht nach unseren Wünschen, und wir sind nicht Gott, der definitiv darüber entscheiden könnte. Aber eines muss klar sein: Ob es nur eine Wahrheit gibt oder viele, wir könnten auch sagen: gar keine (übergreifende), das hat Konsequenzen, und mindestens das ist alles andere als gleichgültig. Nur wenn es eine Wahrheit gibt und diese uns ausreichend erkennbar ist, gibt es Orientierung. Wenn es dagegen viele Wahrheiten gibt, die aber alle bloß individuell gültig sind und von denen keine die Wahrheit ist, dann haucht uns – um mit einer alten, berühmten Formulierung Nietzsches zu sprechen – das kalte, unendliche Nichts an. Die Alternative zum Wahrheitsmonismus ist in Wahrheit der Nihilismus: der fehlende Wille und die fehlende Fähigkeit, nach *dem* Wahren, *dem* Schönen, *dem* Vernünftigen und *dem* Gerechten zu fragen, sich an ihm zu orientieren und von hier aus auch den Sinn und das Profil eines menschenwürdigen Daseins zu bestimmen.

Wenn es nicht nur eine, sondern viele Wahrheiten gibt, von denen aber keine die Wahrheit ist, dann haucht uns das kalte, unendliche Nichts an.

Dass wir danach *fragen*, bedeutet eben, dass wir nicht der „fundamentalistischen" Option verfallen, sondern wissen, dass wir als Menschen gar nicht in der Lage sind zu einem sicheren, unfehlbaren, irrtumslosen Begriff der Wahrheit. Aber wir können darauf hoffen, dass es sich lohnt, danach zu suchen.

Wir können hoffen, dass der „wahrheitsmonistische" Vernunftbegriff und der monotheistische Gottesbegriff stimmen[4]. Nur dann hat unser Leben einen Sinn, nur dann lohnt es sich, nach Erkenntnis zu streben, nur dann ist nicht ethisch alles gleichgültig, nur dann lohnt es sich, Mensch zu sein, und das heißt doch auch, die Sinnfrage zu stellen, also darum zu ringen, was das bedeutet, Mensch zu sein.

Wir können nur hoffen, dass es den *einen*, den wahren Gott gibt und damit *das* Wahre, *das* Vernünftige, *das* Gerechte und *das* Schöne, um das es sich zu kämpfen lohnt.

Dass sich hinter dem Wahrheitspluralismus die Fratze des Nihilismus zeigt, ist noch überhaupt kein Argument für die Wahrheit des Wahrheitsmonismus und die Falschheit des Wahrheitspluralismus. Aber es zeigt sich, welche Dimension die Herausforderung hat, vor der wir mit der Wahrheitsfrage stehen, und welche Konsequenzen mit der Entscheidung für einen Wahrheitspluralismus anstehen. Es zeigt sich weiter, in welchen weiteren Horizont die Frage nach dem Verhältnis von Wahrheit und Toleranz gerückt werden muss. Es zeigt sich, was mit dem Wahrheitsanspruch des christlichen Glaubens steht und fällt.

Fragen an den Wahrheitspluralismus

Wahrheitspluralismus ermöglicht jedem Individuum seine Wahrheit. Wahrheitspluralismus ist darum maximal „tolerant". Doch was kostet diese Toleranz? Was sind die Konsequenzen des Verzichtes auf „die Wahrheit"? – Es stellen sich drei Blöcke von Fragen:

Erstens: Der Wahrheitspluralismus der Postmoderne funktioniert nicht!

Problemlösung oder Problemverschiebung?

Wir erinnern uns an den Bürgermeister, der allen recht gibt. Was ist durch sein Verhalten an Problemen tatsächlich gelöst? Die Sachgegensätze und Interessenkonflikte bestehen ja weiter. Sie bleiben, ja schlimmer noch, sie verschärfen sich, und irgendwann „platzt die Bombe", irgendwann entladen sie sich womöglich eruptiv und unkontrolliert.

Fehlende Integrationsfähigkeit – die Intoleranz der Toleranz

Der postmoderne Wahrheitspluralismus wird gerühmt wegen seiner integrierenden Wirkung und seiner vorgeblichen Toleranz: Haben hier nicht alle Platz? Die spannende Frage, die wir ja auf S. 24 schon angeschnitten hatten, lautet freilich:

Was ist mit denen, die sich mit diesem Wahrheitspluralismus (*Alle haben recht!*) nicht abfinden wollen und können? Mit all denen, die sich nicht einlassen wollen auf das Verbot, Wahrheit im Singular zu denken, Wahrheit zu denken, die als Wahrheit für alle gilt? Die zu diesem ganzen Konzept Nein sagen müssen, weil ihnen der Preis, der Verlust der Wahrheit, zu hoch ist, der für sie einen Identitätsverlust bedeuten würde?

Alle diese Gruppen, auf die es doch auch ankommt, kann der postmoderne Wahrheitspluralismus in Kirche, Gesellschaft und im Dialog der Religionen trotz aller beanspruchten angeblichen Toleranz eben nicht integrieren.

Es bleibt nur, entweder das Scheitern des Anspruches, alle einbeziehen zu können, einzugestehen oder aber alle die auszuscheiden, zu entfernen, die sich diesem Grundsatz *„Alle haben recht!"* nicht beugen wollen.

Wer den Wahrheitspluralismus nicht akzeptiert, wer an Jesus Christus als *der* Wahrheit festhält, auch wer sonst eine Wahrheit vertritt und für sie allgemeine Gültigkeit beansprucht, der hat in diesem Konzept des Wahrheitspluralismus keinen Platz, dem kann es schnell widerfahren, dass er diffamiert wird als *Fundamentalist* oder (*Wahrheits-) Fanatiker*. Und Fundamentalisten – sind das nicht die, die woanders Bomben werfen? Sind das nicht ganz gefährliche Leute? Fundamentalist und Terrorist – das klingt doch schon ganz ähnlich. Ja, muss man mit solchen Leuten dann überhaupt reden? Sind sie überhaupt gesprächsfähig, ja gesprächswürdig?

Eine etwa bei Wolfgang Welsch, einem Vordenker postmoderner Philosophie, zu findende Argumentationslinie nimmt folgenden Weg:

1. Wer glaubt, die Wahrheit zu kennen, der ist auch bereit, zur Durchsetzung absoluter Wahrheit absolute, radikale Mittel anzuwenden, mit anderen Worten, „über Leichen zu gehen".

2. Fundamentalisten sind solche Wahrheitsbesitzer, die – im Prinzip – bereit sind, alles zu beseitigen, was ihrer göttlichen Wahrheit entgegensteht. Wenn sie dies nicht tun, dann nur deshalb, weil sie unangenehme Sanktionen fürchten müssen.

3. Muss man aber mit Menschen reden, die ihren Gesprächspartner einen Kopf kürzer machen würden, wenn sie nur könnten, wie sie wollten? Solche Menschen sind nicht gesprächsfähig und nicht gesprächswürdig.

4. „Fundamentalisten" – und das sind nach dieser Lesart alle, die überhaupt noch nach „der Wahrheit" fragen – sind nicht gesprächswürdig. Mit Leuten, die noch für die Wahrheit eintreten, muss man überhaupt nicht reden.

So wird im Namen und unter dem Aushängeschild der Toleranz gerade der Gesprächspartner oder auch -gegner erledigt, seiner Dialog-Würde entledigt, dem gegenüber sich die gerühmte Toleranz doch eigentlich bewähren müsste. Wer sich nicht ausgrenzen und diffamieren lassen will, der hat nur noch die „Wahl", der Zumutung zuzustimmen: *„Alle haben recht, auch die, die genau das Gegenteil von dem vertreten, was du denkst und für richtig hältst."*

Wie intolerant diese Toleranzforderung ist, zeigt sich dann, wenn z. B. Christen im Namen der Toleranz aufgefordert werden: Verzichtet doch gegenüber anderen Religionen auf euer intolerantes Bekenntnis, dass in keinem anderen Namen das Heil ist außer im Namen Jesus (vgl. Apg 4,12)!

Hier steht anerkanntermaßen nicht bloß ein Detail, hier steht der Kern des christlichen Glaubens auf dem Spiel. Wenn Christen auf das Christus-Bekenntnis verzichten, sind sie – vielleicht – tolerant. Aber was sind sie sonst noch? Sind sie noch Christen? Kann es aber unter dem Aushängeschild der Toleranz eine größere Intoleranz gegenüber den Angehörigen einer Religion geben, als die Zumutung: „Verzichtet auf die Mitte eures Glaubens! Gebt eure religiöse Identität preis!"?

Damit sind wir schon beim nächsten Block von kritischen Anfragen:

Zweitens: Der Wahrheitspluralismus lässt sich gar nicht vernünftig denken

Das Wahrheitspluralismus verbaut jede Verständigung

Wir stellen zunächst noch einmal die Frage des gesunden Menschenverstandes: „Alle haben recht? Auch wenn sie sich widersprechen? Das kann doch gar nicht sein." – Wie kann das denn sein, dass zugleich das eine gilt und das andere, das sein ganzes Gegenteil ist? Dass zugleich gilt: *Jesus ist der einzige Weg zu Gott für alle Menschen aller Völker*, und zugleich genau das Gegenteil gelten soll: *Viele Wege führen zu Gott*?

Man muss natürlich darüber diskutieren, wie sich der exklusive Wahrheitsanspruch des christlichen Glaubens rechtfertigen lässt. Die Wahrheit des christlichen Glaubens (oder irgendeiner anderen Überzeugung) kann ja in einem Gespräch nicht von vornherein feststehen. Es kann sein, dass ein Anspruch auf Wahrheit nicht stimmt. Aber eines kann auf jeden Fall nicht sein: dass er stimmt und zugleich sein Gegenteil stimmt. Wenn widersprüchliche Aussagen gelten sollen, heben sie sich in ihrer Geltung gegenseitig auf. Dann gilt streng genommen weder die eine noch die andere, gegenteilige Aussage. Genau genommen dürfte man nicht von einem individuellen *Wahrheits*pluralismus reden, sondern müsste man von einem universalen *Falschheits*pluralismus sprechen. Nehmen wir an: Zwei Leser kommen über die Inhalte dieses Buches ins Gespräch, und der eine behauptet: *„HpH behauptet x"*, der andere stellt aber fest: *„HpH behauptet non-x"*, also das glatte Gegenteil. Wenn sie sich dann postmodern wahrheitspluralistisch verständigen und „einander stehen lassen" mit den Worten „Jeder von uns hat recht", werden sie über die Aussagen dieses Buches nicht mehr reden können, weil diese Aussage für sie gar nicht feststeht, weil es für sie diese Kommunikation nicht gibt. Jeder kann dann nur mit sich über das reden, was er meint, gelesen zu haben.

Mit Hilfe der Logik lässt sich zeigen: Wer widersprüchliche, einander ausschließende Sätze zulässt, der sagt schließlich gar nichts mehr, nichts Definitives. Kommunikation, Verständigung ist gar nicht möglich, wo man sich auf den Wahrheitspluralismus einlässt.

Es kann sein, dass ein Anspruch auf Wahrheit nicht stimmt. Aber eines kann auf jeden Fall nicht sein: dass er stimmt und zugleich sein Gegenteil stimmt.

Wenn Kommunikation, wenn Aussagen einen Sinn haben sollen, dann kann es nicht sein, dass etwas in derselben Hinsicht zugleich wahr und nicht wahr ist. Diese Voraussetzung, dass es Sinn hat, etwas zu sagen, steht freilich nicht in unserer Macht. Sie ist, wenn man so will, die entscheidende metaphysische Voraussetzung all unseres Denkens, Redens und Tuns. Wenn sie nicht gilt, hat alles keinen Sinn mehr. Es kann schon aus diesem Grunde nicht sein, dass beides in einer Kirche Platz hat: die Überzeugung, dass am Sühnetod Christi die Möglichkeit ewigen Lebens hängt, und zugleich die andere, dass es schon unchristlich ist, von der Notwendigkeit eines solchen stellvertretenden blutigen Opfers überhaupt zu reden. Es ist dabei noch gar nicht darüber entschieden, wer recht hat, wer die Wahrheit sagt. Nur eines muss klar sein: In einer Kirche, die mehr ist als eine bloße Verwaltungseinheit, kann auf Dauer nicht beides nebeneinander bestehen, kann nicht beides zugleich gelten. Wie soll hier Verständigung möglich sein über das, was das Wesen des christlichen Glaubens und der Gemeinde Jesu Christi ausmacht? Denkbar wäre als dritte Möglichkeit noch, dass man die Antwort auf eine Frage schlicht offenlässt und sagt: „Wir wissen es nicht. Wir können – noch – nicht sagen, was die Antwort auf diese Frage ist." Das wäre manchmal der ehrlichere, intellektuell redlichere Weg als die Zuflucht zu einer Pluralität von Gruppen- oder Individualwahrheiten, die alle nebeneinander gelten sollen, obwohl sie in Widerspruch zueinander stehen. Resultat ist dann die Frage: „Was sollen wir denn nun glauben?" Und ein entsprechender Orientierungsverlust.

Der Wahrheitspluralismus ("Alle haben recht") widerspricht sich selbst

Den Wahrheitspluralismus der Postmoderne ("Alle haben recht") kann man schon deshalb nicht akzeptieren, weil er in sich widersprüchlich ist und das gleich mehrfach! Wir sahen schon: Toleranz kann dieses Konzept der vielen Wahrheiten nur fordern, indem es sich selbst sehr intolerant gebärdet.

Ein weiterer Selbstwiderspruch kommt hinzu. Wer sagt: „Es gibt viele Wahrheiten, es gibt nicht bloß eine Wahrheit", der kann ja so nur reden, weil er genau das als die eine, alle verpflichtende Wahrheit verkündet: „Die Wahrheit ist, dass es nicht bloß eine Wahrheit gibt, sondern viele. Das ist die Wahrheit, die für alle gilt und nach der sich, bitte schön, alle zu richten haben." Es wird mit dieser Wahrheitsbehauptung gerade nicht eine Privatmeinung vorgetragen, sondern etwas, woran sich alle anderen halten sollen. Ein Schelm, wer bei dieser Argumentationsfigur daran dächte, hier setzte sich einer gegen andere dadurch durch, dass er den anderen den Mund verbietet, seine eigene Wahrheit aber als für alle gültig erklärt.

Der postmoderne Wahrheitspluralismus kann die eine Wahrheit also nur bestreiten, indem er sich selbst als die eine und einzige Wahrheit darstellt. Er nimmt also für sich in Anspruch, was er im gleichen Atemzug bestreitet. Er gebärdet sich als die eine Wahrheit, von der er doch behauptet, dass es sie gar nicht gibt.

Wir denken wieder an den Bürgermeister. *Alle haben recht*, das heißt hier nichts anderes als: *Alle haben unrecht*. Keiner kommt zu seinem Recht – nur der Bürgermeister, der sich und seine Interessen, seine Wahrheit durchsetzt, indem er allen anderen großzügige Wahrheitsbescheinigungen ausstellt, die sich gegenseitig aufheben.

Damit kommen wir zu einem letzten Block von Anfragen. Sie wiegen womöglich noch schwerer.

Drittens: Der Wahrheitspluralismus ist ethisch nicht verantwortbar

Etikettenschwindel

Ethisch nicht verantwortlich ist schon der Etikettenschwindel, den postmoderne Denker betreiben, wenn sie weiter von „Wahrheit" reden, wo man früher von „Meinungen", „Überzeugungen", „Theorien" sprach. Wenn

„Wahrheit" sich wandelt, wenn in einer Lebenssituation dies die Wahrheit ist, in der nächsten genau das Gegenteil – ist es dann überhaupt statthaft, ist es dann nicht im Gegenteil irreführend, weiter von „Wahrheit" zu reden? Ist Wahrheit nicht gerade das, was sich nicht wandelt, was unter allen Umständen gilt und dasselbe bleibt?

Frühere Generationen waren da sehr viel bescheidener: Sie wussten ihre „opiniones", ihre Meinungen, von der Wahrheit zu unterscheiden.

Frühere Generationen, auch solche, die noch nicht aufgeklärt, sondern ganz „mittelalterlich" dachten, waren da doch sehr viel bescheidener. Sie wussten ihre „opiniones", ihre Meinungen, ihre immer begrenzten und fehlbaren, subjektiven menschlichen Standpunkte, von *der Wahrheit* zu unterscheiden und hielten hier deutlich Distanz. Ihre bloße Meinung flugs zur Wahrheit zu erklären, dazu waren sie noch nicht arrogant und ignorant genug.

Auslieferung des Menschen an sich selbst und seine Lebens-Wahrheit bzw. Lebens-Lüge

Wo jede persönliche Meinung Wahrheit ist, nur weil sie jemand vertritt und man ja tolerant sein muss, wo jede Behauptung flugs zur Wahrheit wird, nur weil es sie eben gibt und man nicht gegen sie streiten will, *da nimmt man dem Menschen jede Möglichkeit zur Orientierung*, zur Annäherung an die Wahrheit, zur Korrektur seiner Auffassungen, jede Möglichkeit auch zur Verbesserung, zum Heil-Werden seines Lebens.

Wer bestreitet, dass es die eine Wahrheit gibt, unabhängig davon, ob wir sie schon kennen oder – noch – nicht, der wirft den Einzelnen auf sich selbst zurück, der liefert den einzelnen Menschen in seiner Not an sich selbst aus und an seine Lebens-Wahrheit oder eben – das ist logisch äquivalent, in der Sache aber oft viel treffender – an seine Lebenslüge.

Wo dem Menschen erklärt wird: *Es gibt keine Wahrheit, die für alle gilt; das, was du für richtig hältst, das ist Wahrheit, deine Wahrheit,* da soll und kann es natürlich auch keinen Willen Gottes mehr geben, da wird dann auch die entscheidende Hilfestellung zum Leben vorenthalten. Das ist der Grund, warum Christen beim postmodernen Wahrheitspluralismus nicht mittun können.

Auf den bekannten methodistischen Missionstheologen Daniel T. Niles

(1908–1970) geht der berühmte Satz zurück: „Das Evangelium weitersagen, das ist so, wie wenn ein Bettler dem anderen erzählt, wo es etwas zu essen gibt." Vom Evangelium, von Jesus, erzählen – das bedeutet nicht Arroganz, nicht Besserwisserei, nicht ein Besitzen der Wahrheit, das mir göttlichen Status verleiht. Es bedeutet „lediglich", dass wir erfahren haben und wissen, wo es etwas zu essen gibt, und dass es ein Verbrechen wäre, das anderen zu verschweigen.

Es kann keine größere Inhumanität geben, als den Menschen an sich selbst und an andere Menschen auszuliefern, ihm zuzumuten: „Du bist dir der letzte Horizont." Ist es nicht – wie der englische Missionstheologe John Stott einmal gesagt hat – ein elementares Recht jedes Menschen, von dem Gott zu hören, der in Jesus Christus unseren begrenzten menschlichen Horizont gerade aufbricht und selbst da noch Perspektiven schenkt, wo unsere Lebens-Wahrheit festsitzt wie ein Kolbenfresser? Wo es nur noch „Wahrheiten" gibt und nicht mehr die Wahrheit, sind ja Bewertungen nicht mehr möglich, und damit auch nicht Korrektur und Besserung einer Lage.

> *Es kann keine größere Inhumanität geben, als dem Menschen zuzumuten: „Du bist dir der letzte Horizont."*

Verweigerung der Orientierung

Der Mensch braucht Orientierung. Es macht sein Menschsein aus, dass er im Gegensatz zum Tier nach seinem Ort im Universum fragt, dass er nicht anders kann als die Fragen nach dem Woher, dem Wohin und dem Sinn zu stellen. Darum ist der postmoderne Wahrheitspluralismus letztlich inhuman, weil er nicht nur sagt: „Wir kennen die Wahrheit nicht; wir haben die Wahrheit nicht; die Wahrheit ist nicht offenbar, sie liegt nicht auf der Straße, wo sie jedermann aufheben und mit nach Hause nehmen kann." Er ist besonders deshalb inhuman, weil er einen entscheidenden Schritt weitergeht und sagt: „Es gibt diese Antwort, die du suchst, gar nicht; es gibt diesen Sinn, nach dem du fragst, gar nicht. Die Wahrheit – das ist eine Illusion. Nach der Wahrheit zu fragen, wäre töricht, um die Wahrheit zu ringen, wäre unverantwortlich." Hier sitzt das Christentum gemeinsam mit anderen Religionen im einen, postmodernen Boot.

Konsequenz dieser inhumanen Orientierungsverweigerung ist eine neue Form von neurotischer Störung. Viele Menschen sind mit der postmoder-

nen Zumutung: „Anything goes! Tue du, was du für richtig hältst!" Oder:
„Mach' dir den Sinn deines Lebens, es gibt ihn nicht!" Oder: „Du bist selbst
die Wahrheit. Such' nicht nach ihr!" – überfordert. Und sie leiden an dieser
Überforderung. Sie sind überfordert und hilflos angesichts des – buchstäblich unsinnigen – Programms, mehrere widersprüchliche Botschaften als
Wahrheiten nebeneinander stehen lassen zu sollen, auf die Suche zu verzichten und sich dabei zu bescheiden, sich den Sinn des Lebens selbst zu
geben: Sind sie denn Gott, dass sie das könnten?

Die von Wolfgang Welsch selbst aufgeworfene Frage, ob nicht „die Verabschiedung verbindlicher Standards und der Übergang zu einer Vielzahl
verschiedener Orientierungen eine Situation der Maßstablosigkeit schafft",[5]
in der Menschen in einer Art gefährlichem Kurzschluss geradezu „nach dem
starken Mann rufen", lässt weiterfragen, ob postmoderner Wahrheitspluralismus nicht geradezu Fundamentalismus – als Gegenbewegung zur Postmoderne – provoziert und fördert.

Kein Unterschied mehr zwischen Adolf Eichmann und Mutter Teresa?

Wenn die Wahrheit ins persönliche Belieben gestellt ist, dann steht im
Grundsatz – logisch konsequent und zu Ende gedacht – das Hilfswerk von
Mutter Teresa und das Vernichtungswerk Rudolf Eichmanns, des Organisa-
tors der nationalsozialistischen Judenvernichtung, gleich-gültig und gleichberechtigt nebeneinander. Wer hier Einspruch erhebt, muss sich fragen
lassen, anhand welchen Maßstabes denn anders geurteilt werden könnte,
wenn es denn *die Wahrheit* gar nicht mehr gibt und alles ausschließlich ins
Belieben des Einzelnen gestellt ist.

Wo das tatsächliche Leben zur Norm, zur Lebens-Wahrheit wird, wo das
Lebenskonzept eines Menschen schon allein deshalb wahr sein soll, nur weil
er eben so lebt, wie er lebt, da kapituliert die Postmoderne vor der elementaren Orientierungsaufgabe, da kann und soll man nicht mehr unterscheiden zwischen Lüge und Wahrheit. Das Urteil „Lüge" setzt ja voraus, dass
es Wahrheit gibt. Da kann und soll man auch nicht mehr unterscheiden
zwischen böse und gut, das Urteil „böse" setzt ja voraus, dass es das wahre
Gute gibt.

Wo alle recht haben, da gilt allein das Recht des Stärkeren

Wo alle recht haben, wo allen gesagt wird: „Ihr habt recht", da setzt sich unter der Hand der durch, der den meisten Einfluss, die meiste Macht hat. Wo die geordnete Konkurrenz um die Wahrheit verboten ist, die Konfliktsituation aber weiter besteht, kann es da anders sein, als dass sich unter der Hand, und das heißt unkontrollierbar, der Stärkere durchsetzt? Wo es „die Wahrheit" nicht mehr geben soll, bleibt da nicht nur die Wahrheit dessen, der in der Lage ist, allen anderen seine Wahrheit aufzuzwingen, also die Wahrheit des Stärkeren? Wo der Bürgermeister allen recht gibt, da hat niemand recht, da kommt allenfalls der zu seinem Recht, der ihm gegenüber seine Interessen, seine persönliche Wahrheit am wirkungsvollsten durchzusetzen vermag.

Wo die geordnete Konkurrenz um die Wahrheit verboten ist, setzt sich unter der Hand der Stärkere durch.

Das Wegbrechen der überindividuell als gültig anerkannten Werte, der Verlust der Evidenz ethischer Normen und anthropologischer Axiome, also allgemein anerkannter Grundannahmen über das, was Menschsein ausmacht, bedeutet unter diesem Gesichtspunkt nicht per se eine Zunahme an individueller Freiheit, wohl aber eine Bedrohung des Wertes und Lebensrechtes des Individuums, vor allem des schwächeren. So kann eine immer änderbare, neu auszuhandelnde, sich plastisch zeigende Übereinkunft über den Wert des menschlichen Lebens und über das, was es lebenswert macht, nie an die Stelle einer ja nur metaphysisch, also mit Rückbezug auf letzte Realitäten, begründbaren Überzeugung von der „unantastbaren Würde" des Menschen treten. So lebt nach einem bekannten Theorem des Verfassungsrechtlers und früheren Richters am Bundesverfassungsgericht, Ernst-Wolfgang Bockenförde, der freiheitliche säkulare Staat von Voraussetzungen, die er selbst nicht garantieren kann und die er natürlich schon gar nicht herstellen kann.[6] Selbst der moderne Staat lebt also von einem gewissen Maß an Übereinstimmung über bestimmte Grundauffassungen. Verflüssigt sich der elementare Grundkonsens, können auch Rechts- und Verfassungssysteme diese Lücke nicht hinreichend schließen. Wir müssen wissen, was wir tun, wenn wir beschließen, einen überindividuellen Horizont für Wahrheit und Gerechtigkeit nicht mehr denken zu wollen. Wer überindividuell vor-gegebene Werte nicht mehr denken kann oder denken will, kann sich letztlich selber nicht mehr denken.

Und ist nicht auch unsere Gesellschaft durch den zunehmenden Verlust gemeinsamer Überzeugungen und Werte gekennzeichnet und umgekehrt durch immer mehr Interessengegensätze und Interessenkonflikte bestimmt? Und werden nicht auch diese immer mehr über das Recht des Stärkeren (der Mehrheit, der aktivsten Lobby) „geregelt", je mehr Wahrheit als solche in den Hintergrund tritt?

Im Ergebnis fällt der Wahrheitspluralismus zurück in das Zeitalter der Konfessionskriege.

Für viele Menschen hat schon das Reden von der Wahrheit einen repressiven, unterdrückerischen, Konflikte fördernden Klang. Aber ist nicht genau das Gegenteil der Fall? Man kann das sehr schön an der zivilisierenden Wirkung wissenschaftlicher Rationalität zeigen. Nach den dreißigjährigen Konfessionskriegen, die ein Drittel der deutschen Bevölkerung das Leben kostete, erlebte das Modell neuzeitlicher Wissenschaft einen ungeheuren Aufschwung. Im Mittelpunkt stand die Überzeugung einer objektiven Wahrheit. Diese Vorstellung einer Wahrheit, die alle verpflichtet, ermöglichte es, *Konflikte sachlich und friedlich auszutragen und die Konkurrenz der Wahrheitsansprüche in gegenseitigem Respekt auszuhalten.* Wissenschaftler sind bestrebt, nur noch Theorien, Gedanken, Behauptungen zu köpfen, nicht aber die Häupter derer, die sie hervorgebracht haben und vertreten. Wissenschaft unter Voraussetzung bloß *einer* Wahrheit bedeutet: nicht Kampf der Personen, sondern Wettstreit der Positionen, nicht Vernichtung widersprechender Personen, sondern Kritik konkurrierender Positionen. Wenn es diese eine Wahrheit als Horizont gemeinsamen Ringens um Erkenntnis nicht mehr geben soll, wenn der Streit um die Wahrheit der Theorien abgeschafft ist, bleibt dann nicht doch wieder der Streit der Menschen, der Konflikt zwischen den Personen? Im Ergebnis fällt der Wahrheitspluralismus zurück in das Zeitalter der Konfessionskriege.

Eine vorläufige Bilanz und neue Fragen

Ausgangspunkt der bisherigen Überlegungen ist der gesellschaftliche, politische und selbstverständlich auch kirchliche Konsens, dass Toleranz einen Leitwert für das Zusammenleben darstellt. Wir sind einig im Ziel einer möglichst konflikt- und vor allem gewaltfreien, harmonischen Weise der Kommunikation zwischen Menschen mit verschiedenen weltanschaulichen und philosophischen Positionen, religiösen und kulturellen Einstellungen. Also gingen wir der Frage nach: Was leistet in diesem Zusammenhang das Konzept eines Wahrheitspluralismus, der in postmodernen Zeiten vielfach und verbreitet als Lösung angeboten wird?

Die Analyse ergab, dass der Wahrheitspluralismus und der ihm zugrunde liegende Wahrheitsbegriff mehr Probleme schaffen, als sie zu lösen imstande sind. Es ist offenbar weder sinnvoll noch möglich, um der Toleranz willen auf die Suche nach Wahrheit, philosophisch: auf ein monistisches Wahrheitskonzept, zu verzichten.

Dieses Ergebnis wird nun aber nicht nur befriedigen, sondern neue Fragen auslösen:

- Verdanken wir der Suche nach der Wahrheit, den Wahrheitsbehauptungen und dem Verhalten von Wahrheitsfanatikern, die sich im Besitz der Wahrheit wähnen, nicht gerade die Probleme, die Toleranz zur Leitwährung unserer Gesellschaft gemacht und zur Forderung nach einem Wahrheitspluralismus geführt haben?
- Wenn es aus philosophischen, anthropologischen und religiösen Gründen unabdingbar ist, Wahrheit im Singular zu denken, wie können dann die Konflikte, die mit einem solchen Wahrheitsdenken verbunden sind, vermieden werden?
- Wenn das Reden von Wahrheit im Plural nicht verantwortbar ist, ist es denn das Reden von Wahrheit im Singular? Wenn der Wahrheitspluralismus zu unverantwortbaren Konsequenzen führt, ist das denn beim Wahrheitsmonismus anders?
- Wie müsste ein Reden von der Wahrheit aussehen, das Gewalt, Fanatismus, Intoleranz vermeidet? Und wie zwingend wäre es?
- Lässt es sich zeigen, dass Wahrheit und Toleranz nicht nur zusammenpassen, sondern sogar zusammengehören?

Toleranz gibt es nicht ohne – die – Wahrheit. Aber gibt es Wahrheit ohne Toleranz?

3) Wahrheit ohne Toleranz?

Furcht vor der Wahrheit

Gerade dann, wenn wir merken, dass es ohne die eine Wahrheit nicht geht, stellt sich ja eine Reihe von sehr ernsthaften Einwänden. Sie bleiben auch dann noch, wenn einsichtig ist, dass die Toleranz-Forderung als solche unbefriedigend ist und wenn wir uns darauf geeinigt haben, dass wir Wahrheit notwendig im Singular denken müssen. Nur wenn es gelingt, diese Einwände ernst zu nehmen, wird es umgekehrt möglich sein, auch die Gesprächspartner zu gewinnen, die bei aller logisch-rationalen Einsicht in die Notwendigkeit der Suche nach *der* Wahrheit eben doch instinktiv bestimmt bleiben von der Scheu vor genau so *einer* Wahrheit und ihren erfahrungsgemäß konfliktreichen Folgewirkungen. Folgende vier Einwände sollten wir ernst nehmen:

1. Fanatisiert nicht jedes Festhalten an *der* Wahrheit? Geht nicht derjenige im Prinzip über Leichen, der meint, die Wahrheit für alle zu besitzen? Wenn man wirklich *die Wahrheit* hat, ist es dann nicht nur konsequent, diese Wahrheit auch um jeden Preis durchzusetzen? Verführt das Reden von Wahrheit den Menschen nicht geradezu dazu, sich für Gott zu halten?

2. Macht Wahrheit nicht grundsätzlich intolerant? Und zieht diese Intoleranz nicht notwendig inhumane Konsequenzen nach sich? Haben sich nicht gerade die, die sich im Besitz der Wahrheit glaubten, oftmals unglaublich unmenschlich gebärdet? Wir erinnern nur an die Kreuzzüge, an Inquisition und so manche Religionskriege.

3. Ist die Betonung der Wahrheit nicht nur lebensferne Rechthaberei? Ist sie nicht vor allem Eigenschaft eines bestimmten Charaktertypus? Was sind das für Menschen, die immer recht haben wollen, denen es „nur um die Wahrheit geht" und die die Wahrheit wie einen Bauchladen vor sich hertragen? Handelt es sich wirklich um eine erkenntnistheoretisch-philosophische Herausforderung oder nicht vielmehr um eine psychotherapeutische? Müssen wir nicht einfach nur erwachsen und reif werden?

4. Kann man die Wahrheit denn beweisen? Hat das Reden von den vielen Wahrheiten und die Auffassung, dass alle irgendwie recht haben, nicht

auch darin seinen Grund, dass niemand die Wahrheit allgemein für alle einsehbar machen kann? Wir fragen: Gibt es ein Reden von Wahrheit, das diese Einwände ernst nimmt und ihrem Sachanliegen gerecht wird? – Das bringt uns zum selbstkritischen Nachdenken über das Profil christlicher Wahrheit.

Das Profil christlichen Zeugnisses von der Wahrheit

Die eine Wahrheit, die bescheiden macht

Christen können diese Fragen nur zu gut verstehen. Sie sind selber betroffen darüber, wie nicht zuletzt auch im Namen des christlichen Glaubens für dessen Wahrheit mit Feuer und Schwert gekämpft worden ist – frei nach dem furchtbaren Motto: „Und willst du nicht mein Bruder sein, so schlag ich dir den Schädel ein."

Wer sich selbstkritisch beobachtet, wird immer wieder auch bei sich selber feststellen, wie der Glaube, der im Kern eine Beziehung zu Jesus Christus ist, zu einer abstrakten Theorie zu werden droht. Er wird erfahren, wie das, was eine Lebenswirklichkeit ist, die die Menschen, die in ihr und aus ihr leben, zum Leben befreit, auch in christlichen Gemeinden immer wieder zu einem tötenden Gesetz, zu einem Gefängnis gerät, in dem sich Menschen durch lauter theoretische Normen und Dogmen umstellt sehen.

Die Lebenswirklichkeit, die zum Leben befreien will, wird auch in christlichen Gemeinden immer wieder zu einem Gefängnis, in dem sich Menschen durch lauter theoretische Normen und Dogmen umstellt sehen.

Aber wir können eben bezeichnenderweise einsehen, dass hier etwas fundamental schiefläuft. Wir können – und das ist entscheidend – feststellen, dass eben diese Lebens- und Denkweisen im Gegensatz stehen zu dem, was christlicher Glaube seinem Wesen nach ist. Das, was hier zu beklagen ist, ist eben nicht die rechte Art, sondern feststellbar und nachprüfbar eine Abart, nicht der rechte *usus*, sondern ein *abusus*, nicht der rechte Gebrauch, sondern der Missbrauch des christlichen Glaubens.

Die Wahrheit des christlichen Glaubens und das Recht, von dieser Wahrheit zu reden, wird also nicht durch die widerlegt, die diese Wahrheit falsch leben oder durch ihr Lebenszeugnis geradezu verleugnen. Die Wahrheit des christlichen Glaubens ist im Gegenteil erst die Grundlage dafür, dieses falsche Reden und Zeugen von der Wahrheit auch als das zu demaskieren, was es ist: unchristlich und inhuman. Das heißt aber:

Es besteht ein grundlegender, unüberwindbarer Unterschied zwischen der Wahrheit des christlichen Glaubens und unserem menschlichen Reden und Zeugen, auch unserem Lebenszeugnis für diese Wahrheit. Diese Wahrheit des christlichen Glaubens ist kein abstraktes Lehrsystem und kein Gedankengebäude. *Diese Wahrheit ist einzig und allein Jesus Christus in Person* (vgl. Joh 14,6). Wir werden natürlich immer neu versuchen, von dieser Wahrheit angemessen, richtig zu reden. So wollen etwa die verschiedenen Glaubensbekenntnisse der Kirche diese Wahrheit des christlichen Glaubens angemessen, richtig, „wahr" aussagen, aber sie bleiben doch selbstverständlich mit allen noch so präzisen Formulierungen immer hinter dieser Wahrheit zurück. Sie sind nicht selbst, in sich wahr. Sie sind darum auch in sich nicht Selbstzweck. Man ist auch noch nicht Christ, wenn man diese Glaubensbekenntnisse für wahr hält und auswendig kann. All diese theoretischen Aussagen über den Kern des christlichen Glaubens können diese Wahrheit und die Wirklichkeit dieser Wahrheit nicht ersetzen, nicht an ihre Stelle treten. All unsere Gedanken, Dogmen, Bekenntnisse und Verkündigungen stehen nicht für sich, sondern für etwas oder besser für *jemand* anderen: für die Wirklichkeit Gottes in Jesus Christus. Angemessen, „wahr", sind sie darum eigentlich nur dort, wo sie über sich hinausweisen auf den, um den es ihnen eigentlich geht. Darum sagt Paulus mit Recht, dass Christen nicht sich selbst verkündigen, sondern Jesus Christus als den Herrn (2Kor 4,5). Das ist geradezu Kriterium für die Wahrheit ihres Redens, Zeugens und Lebens, dass sie mit ihrem Leben im Glauben und ihrem Reden vom Glauben von sich wegschauen und ganz ausgerichtet sind auf Christus.

Recht verstanden geht es im christlichen Glauben also um zwei Wahrheitsebenen und um zwei Begriffe von Wahrheit: die *Wahrheit, die Jesus Christus allein ist* und die den Mittelpunkt und das Fundament des christlichen Glaubens ausmacht, und die Frage nach der *Wahrheit im Sinne von Angemessenheit des christlichen Redens und Lebens dieser Wahrheit.* Ersteres ist dabei das einzige Kriterium für Letzteres. Es bleibt hier ein letzter, nicht zu überwindender Unterschied, ja es ist geradezu ein Kriterium für die Wahrheit christlichen Tat-, Wort- und Lebenszeugnisses, ob dieser Unterschied als grundlegend festgehalten und wahrgenommen wird. Es unterscheidet christlichen Glauben von Sektierertum und bewahrt ihn vor Fanatismus, dass nie eine – immer bloß menschliche – Lehr- oder Theoriebildung mit der Wahrheit Christi, nie eine immer bloß menschliche Lebensgestalt mit der Wirklichkeit Gottes identifiziert und verwechselt wird. So ist gerade die Proklamation der Wahrheit, die Jesus Christus selbst ist, der beste Schutz vor aller Fanatisierung und allem Sektierertum.

Christen reden grundsätzlich anders von der Wahrheit als fanatisierte Weltanschauungsgemeinschaften, weil nicht sie diese Wahrheit besitzen, sondern diese Wahrheit sie ergriffen hat.

Christen reden grundsätzlich anders von der Wahrheit als fanatisierte Weltanschauungsgemeinschaften. Das liegt im Wesen der Wahrheit begründet, der sie begegnet sind. Diese Wahrheit können sie nicht besitzen, sie können sie nie haben, nie über sie verfügen. Christen wissen, dass, wenn es gut geht, genau anders herum ein Schuh daraus wird: *Dann trägt diese Wahrheit sie; dann haben nicht sie diese Wahrheit, dann hat diese Wahrheit sie*; dann sind sie nicht besessen von einer Wahrheit; dann besitzt diese Wahrheit sie in einer Weise, die sie *demütig* und bescheiden macht.

Eine Wahrheit, die tolerant macht

Diese Wahrheit *ist* zwar nicht tolerant, sie kann es nicht sein, aber: Sie *macht* tolerant! Um der Toleranz willen, um der so notwendigen Forderung nach Duldung Andersdenkender und Andersgläubiger willen, gilt es Abschied zu nehmen von einem undifferenzierten Rufen nach Toleranz, gilt es vielmehr zu unterscheiden zwischen Toleranz gegenüber der *Person* und „Toleranz" in Sachfragen. In der Sache, in der Frage nach dem, was stimmt, kann es naturgemäß keine Toleranz geben. Im Blick auf die Frage, ob ein Naturgesetz richtig ist oder nicht, ob das christliche Bekenntnis wahr ist oder nicht, hat die Toleranzforderung nichts zu suchen. Sie ist hier – in Sachfragen – einfach sinnlos. Von dieser unbedingten „Intoleranz" in der Sache ist zu unterscheiden eine ebenso unbedingte Toleranz gegenüber der Person, die da womöglich so ganz anders denkt, handelt und lebt als ich. In der

Nachfolge Jesu ist dem Christen nicht nur die Liebe zum Nächsten geboten (vgl. Lk 10,25-37), sondern auch zu dem, der im größten Gegensatz lebt zu ihm, ja ihm vielleicht sogar ans Leben will (vgl. Mt 5,43). Hier kommt die ursprüngliche Bedeutung von Toleranz zum Tragen: Das lateinische Wort *„tolerare"* heißt „tragen", „ertragen". Person-Toleranz heißt darum für den Christen, den Sachgegensatz zum anderen nicht zu überspielen, sondern bereit zu sein, um dieses Gegensatzes zum anderen willen auch zu *leiden*.

So gibt es schon der Doppelsinn von *Martyrium* vor. Martyrium – das ist einerseits das Zeugnis für die Wahrheit, das Bekenntnis zu der Wahrheit, die nicht gewaltsam durchgesetzt werden will und kann, weil sie selbst die Liebe in Person ist; Martyrium – das ist andererseits das Leiden für diese Wahrheit, die auf Widerstand und Widerspruch stößt.

Im Blick auf die Frage, ob ein Naturgesetz richtig ist oder nicht, ob das christliche Bekenntnis wahr ist oder nicht, ist die Toleranzforderung einfach sinnlos.

Nur wenn Christen an der Wahrheit, die Christus selber in Person ist, unbeirrt festhalten und gleichzeitig den Nächsten mit seiner anderen Meinung und in seiner Andersartigkeit in Liebe annehmen, ertragen und notfalls auch erleiden, entsprechen sie dem Vorbild dessen, der um der Wahrheit willen (!) sein Leben opferte für die, die seine Feinde waren.

In der Nachfolge fällt so beides zusammen: absolute Persontoleranz und unbedingtes Bleiben (und Festhalten) an der Wahrheit, die Jesus Christus ist.

Es liegt in der Natur der *Sache* der Wahrheit des christlichen Glaubens, die Jesus Christus ist, dass wir im Umgang mit ihr verschiedene Wahrheitsebenen unterscheiden müssen. Dass Jesus Christus der Weg, die Wahrheit und das Leben ist – das gilt unbedingt. Wie sich das in unserem Leben zu verschiedenen Zeiten und in verschiedenen Kulturen, in verschiedenen Lagen und Kontexten konkretisiert; zu welchen Formen unser Bekenntnis und die Antwort unseres Lebens auf IHN findet, das kann sehr unterschiedlich sein. Es ist aber nicht gleich-gültig. Wir werden vielmehr um die verschiedenen Gestalten und ihre Angemessenheit immer neu miteinander ringen müssen. (Genau darin besteht der Sinn und die Funktion von ökumenischen, Konfessionen übergreifenden Kontakten und von christlich-geschwisterlichem gegenseitigem Austausch überhaupt.) Gleichzeitig werden wir wissen, dass wir hier nur einen geringeren Grad an Gewissheit von Wahrheit erlangen können. Um ein Beispiel zu nennen: Auch wenn wir weiter etwa im kontroversen Gespräch darüber bleiben müssen, welche Tauftheologie und Taufpraxis dem Willen Gottes entspricht, ist doch gleichzeitig evident und wahrscheinlich, dass wir uns bis zum Jüngsten Tag nicht darauf verständigen können, ob Unmündigen- oder Erwachsenentaufe das Richtige ist. Das bedeutet nicht, dass diese Frage gleichgültig und bedeutungslos wäre und es bedeutet nicht, dass wir hier nicht miteinander ringen müssten und auf diese Weise zu immer neuer Sensibilität hinsichtlich unserer Theologie und Praxis von Taufe finden müssten. Es bedeutet aber sehr wohl, dass wir um diese Frage eben keine Auseinandersetzung mit letzter Schärfe führen dürfen, wegen dieser Frage keine Kirchenspaltungen legitim sind und Verurteilungen ausgeschlossen sein müssen, die das ewige Heil betreffen.

Jesus Christus einerseits und das, was wir aus dieser Wahrheit machen, ist immer zweierlei. Geht es um die Wahrheit von bestimmten Glaubenssätzen oder z. B. ethischen Anschauungen, wissen Christen, dass sie nicht den Gottesstandpunkt innehaben – dass es aber eben Gott gibt und darum auch die eine Wahrheit, die sie allerdings bislang bestenfalls bruchstückhaft und gebrochen erkennen können.

Eine Wahrheit, die frei macht

Christlicher Glaube ist nicht geistige Kleingärtnerei; das Eintreten für die Wahrheit und die Auseinandersetzung mit dem Wahrheitspluralismus der Postmoderne ist kein intellektuelles Glasperlenspiel. Christen treten für die Wahrheit ein, weil es zum Wesen des Menschen gehört, nach Wahrheit zu fragen. Christen ringen um die Wahrheit, weil für sie die Wahrheitsfrage keine Beschäftigung nach Feierabend darstellt, sondern die Grundfrage allen Lebens ausmacht. In der Bibel ist „ämät" (hebräisch für „Wahrheit") das, was verlässlich ist, worauf man sich verlassen kann, das, was trägt und durchträgt, was darum entlastet und fundamental befreit.

Dieser ungemein praktische Aspekt allen theoretischen Ringens um die Wahrheit und darum, dass es nur eine – verlässliche – Wahrheit geben kann, wird alles angemessene Reden von dieser Wahrheit des christlichen Glaubens bestimmen.

Diese Wahrheit engt nicht ein, und sie ist ihrem Wesen nach nicht rechthaberisch. Sie befreit vielmehr, weil sie das Leben auf ein verlässliches Fundament stellt und ihm einen Sinn gibt, der von aller Perspektivlosigkeit und allem unfruchtbaren Drehen um sich selbst befreit. Sie ist Wahrheit, die frei macht (Joh 8,32). Wem es um ideologischen Wahrheitsbesitz geht, der ist mit dem christlichen Glauben schlecht bedient. Bedeutet Christsein doch gerade, mit der ständigen Differenz zwischen der Wahrheit und dem eigenen Reden und Leben dieser Wahrheit, mit der ständigen Wahrnehmung der eigenen Menschlichkeit und Fehlbarkeit, mit der ständigen Einsicht, dass wir Menschen von Vergebung leben, existieren zu müssen.

Wahrheit verpflichtet – schließlich wollen Christen dereinst auf die Nachfrage nach dem Menschenbruder nicht wie Kain antworten müssen: „Sollte ich meines Bruders Hüter sein?"

Wer die Wahrheit kennt, erkannt hat, wer von ihr getragen und durchgetragen wird, der ist allerdings dem anderen das Zeugnis, die gute Nachricht von dieser Wahrheit schuldig. Wahrheit verpflichtet – schließlich wollen Christen dereinst auf die Nachfrage nach dem Menschenbruder nicht wie Kain antworten müssen: „Sollte ich meines Bruders Hüter sein?" (vgl. Gen 4,9).

Eine Wahrheit, die man nicht beweisen kann, die sich aber bewähren will

Auch Christen wissen, dass die Wahrheit nicht einfach verfügbar ist, nicht für alle zwingend gültig und einsehbar, nicht offenbar „da", also evident ist. Auch sie wissen, dass man die Wahrheit, die Jesus Christus ist, nicht beweisen kann, genauso wenig übrigens wie irgendeine andere.

Dass man einem anderen (die) Wahrheit nicht beweisen kann, weder eine philosophische noch eine mathematische und auch die des christlichen Glaubens nicht, lässt sich leicht zeigen.

Jeder Beweis muss auf gemeinsamen Voraussetzungen der beiden Gesprächspartner aufbauen. Nur dann ist ein gemeinsamer Argumentationsweg möglich. Wenn man jemandem etwas beweisen will, dann muss der Betreffende die eigenen *Denk- und Lebensvoraussetzungen* teilen. Und hier genau liegt ja das Problem: Tut er das, ist er Christ, und es gibt nichts zu beweisen, tut er das nicht, kann ihm auch nichts bewiesen werden.

Wo solche gemeinsame Ausgangspunkte, Voraussetzungen nicht gegeben sind, ist ein solcher gemeinsamer Weg gar nicht möglich; es fehlt ja das, worauf man beim anderen argumentierend aufbauen kann. Ein Beweis gelingt auch in der Wissenschaft nur, wenn man von gemeinsamen Voraussetzungen ausgehen kann. Fehlen diese, ist ein Beweis nicht möglich.

„Stimmst du mit mir darin überein, dass sich das so und so verhält? Dann wirst du mir auch darin recht geben, dass die einzig logische Konsequenz lautet …" Wenn der andere aber schon am Anfang nicht zustimmt, ist der Beweis zum Scheitern verurteilt: „Nein, ich stimme dir nicht zu. Ich sehe das anders. Ich gehe von anderen Voraussetzungen aus …" – So verhält es sich auch mit der Beweisbarkeit des christlichen Glaubens. Demjenigen, der die eigenen Voraussetzungen nicht teilt, dem kann man auch die Wahrheit nicht beweisen. Eines aber ist möglich und auch philosophisch statthaft: Der Gesprächspartner kann gebeten werden, hypothetisch, probeweise, einmal seinen Standpunkt und seine Axiome, seine Voraussetzungen, zu ändern und sich auf einen anderen Standort zu stellen, wissenschaftstheoretisch gesprochen: einen „Paradigmenwechsel" vorzunehmen.

Einsicht in die Wahrheit des christlichen Glaubens ist *nicht per Beweis, sondern nur per Standpunktwechsel* zu gewinnen. Einsicht in die Wahrheit des christlichen Glaubens ist darum nicht abstrakt zu gewinnen, nicht durch bloßes Nachdenken, sondern nur so, dass man sich selbst aufs Spiel setzt, sich auf Neues einlässt, etwas riskiert. *Was wäre denn, wenn …* – wenn das Neue Testament recht hätte und Jesus Christus wirklich auferstanden wäre von den Toten? Zu so einem Standortwechsel, zu so einem persönlichen Engagement fordert Jesus auf. Er ist Bedingung der Gotteserkenntnis.

Damit ist klar: Gerade da, wo ein Beweis am nötigsten wäre, wo Unterschiede im Grundsätzlichen trennen, gerade da ist ein Beweis nicht durchzuführen. Vor diesem Problem stehen freilich nicht nur die Theologen. Es betrifft gleichermaßen Wissenschaft, Philosophie und Logik.

Erkenntnis der Wahrheit ist darum nur da möglich, wo ein Paradigmenwechsel stattfindet. Auch das wissen Christen, dass sich die Voraussetzungen eines Menschen, seine Lebens- und Denkvoraussetzungen, ändern müssen, damit er die Wahrheit erkennen kann, die sich ihnen bereits persönlich bekannt gemacht und zu erkennen gegeben hat. Christlicher

Glaube lädt darum ein zum Wechsel der Voraussetzungen, lädt ein, sich auf die Voraussetzungen einzulassen, die eine Begegnung mit *der* Person, *der* Wahrheit ermöglichen und erschließen, die im Mittelpunkt des christlichen Glaubens steht.

Von dieser Wahrheit, die im Kern eine Person ist, kann derjenige nichts verstehen, der in Distanz und unbeteiligt bleibt, der sich in seiner Lebensführung und seinem Lebenskonzept selbst genug, selbst seine Wahrheit ist. Erkenntnis dieser einen und einzigen Wahrheit ist freilich da möglich, wo Menschen sich mitsamt ihren Lebens- und Denkvoraussetzungen aufs Spiel setzen. Solche alles andere als theoretischen, alles andere als bloß akademischen Erkenntnisbemühungen stehen dann freilich unter der Zusage Jesu Christi: „Wenn jemand dessen Willen tun will (der mich gesandt hat), wird er innewerden, ob diese Lehre von Gott ist oder ob ich von mir selbst aus rede" (Joh 7,17). – Wer sich also mit seinem Leben auf Christus einstellt, der wird gewahr werden, ob Jesus nur seine eigene, persönliche Wahrheit als eine von vielen verkündigte oder ob er selber die Wahrheit ist (vgl. Joh 7,17).

II. Glauben an den *einen* Gott im Angesicht der Monotheismus-Kritik

1) Wiederkehr der Religiosität?

Wir brauchen Religion!

Schon früher waren Zweifel an der Behauptung Dietrich Bonhoeffers berechtigt, wir gingen einem religionslosen Zeitalter und einem religionslosen Christentum entgegen. Vollends scheint dies die Renaissance zu widerlegen, die die Religion zurzeit erlebt und das Echo, das dieses breite Erwachen eines neuen Interesses an Religion findet. Wir erleben eine Wiederkehr der Religion. Das ist eine der wichtigsten Thesen gegenwärtiger Gesellschaftswissenschaft und speziell der Religionssoziologie. Bemerkenswert ist der positive Grundtenor, mit dem dieses Phänomen in den Medien, aber auch in verschiedenen Wissenschaften aufgenommen wird.[7] Exemplarisch ist zu erinnern an die mediale Aufmerksamkeit, die das Sterben und schließlich die Beerdigung von Papst Johannes Paul II. auf sich zogen, und noch mehr das überwältigende Echo auf die Weltjugendkonferenz in Köln 2006, schließlich jetzt das überwiegend positive, vor allem konstruktive Echo auf das Jesus-Buch von Joseph Ratzinger, das nichts anderes ist als eine biblisch-theologische Begründung orthodoxer Christologie. Selbst der Spiegel verzichtete auf Häme und wusste anerkennende Worte zu finden. Noch vor seiner Wahl zum Papst begann ein überaus spannender und anspruchsvoller Dialog zwischen Ratzinger als einem der führenden deutschen Theologen und dem Nestor der deutschen Gegenwartsphilosophie, Jürgen Habermas, der sich mit der Regensburger Rede des Papstes und der Antwort von Habermas in der „Neuen Zürcher Zeitung" vom 10. Februar 2007 unter der Überschrift „Ein Bewusstsein von dem, was fehlt"[8] fortsetzt. Der Vorsitzende der Päpstlichen Glaubenskongregation und der Vordenker der deutschen Linken an einem Tisch! Habermas erwartet von Religion und Glauben zwar keine Hilfestellung für ein „Projekt Moderne", gesteht aber zu, dass die Moderne aus eigenen Quellen nicht überleben kann und auch religiös begründete Stellungnahmen ihren Platz in der gesellschaftlichen und politischen Öffentlichkeit haben müssen und nicht von vornherein als irrational verworfen werden dürfen. Das ist insofern außerordentlich bemerkenswert, als das Merkmal der *Autonomie* der Vernunft, also des Selber-Stehens, des Für-sich-allein-gelten-Könnens, zum Kernselbstverständnis neuzeitlicher und aufklärerischer Vernunftphilosophie gehört.

Grundtenor in unserer Gesellschaft: Wir brauchen Religion, Spiritualität, Orientierung – auch in einer sich immer mehr säkularisierenden Welt.

Und so könnte ich nun noch eine Weile fortfahren: mit zahllosen Themenheften und -nummern der großen Zeitungen und Magazine zu zentralen religiösen Fragen[9], mit drei großen Symposien und Kongressen zum Thema Psychotherapie und Religion allein im Jahr 2007, einem großen Medieninteresse an dem Uraltthema Schöpfung und Naturwissenschaft, egal, ob es sich um Kreationismus oder Intelligent Design handelt.[10] Grundtenor all dieser Erscheinungen ist – bei allen Unterschieden im Detail – die These: Wir brauchen Religion, Spiritualität, Orientierung – auch in einer sich immer mehr säkularisierenden Welt, noch präziser: gerade in einer sich immer mehr säkularisierenden Welt.

Es gibt also in der interessierten Öffentlichkeit eine gespaltene Rezeption von Religion:

Einerseits wird über Religion sehr positiv berichtet; die Erwartungen sind hoch, vom Teilnehmer am Weltjugendtreffen über die stellvertretende Vorsitzende der SPD, Andrea Nahles,[11] bis hin zur bereits erwähnten Hoffnung auf Religionen als unausgeschöpfte Sinnressourcen beim späten Jürgen Habermas[12] oder gar in der postmodernen Philosophie eines Jacques Derrida[13] oder Gianni Vattimo[14]. Es gibt aber auch einen immer deutlicher hervortretenden gegenläufigen Trend:

Religion ist gefährlich!

Gegenläufig zu dieser Welle und kritisch zu dieser Überzeugung steht eine gegenwärtig wieder mehr erstarkende und an die verbreitete Religionskritik der 8oer-Jahre des 20. Jahrhunderts anschließende Bewegung. Ob es der britische Naturwissenschaftler Richard Dawkins ist, der in Deutschland immer mehr Beachtung findet, oder die Giordano-Bruno-Stiftung, in der sich bekannte, z. T. führende Wissenschaftler zusammenfinden, die sich ausdrücklich und argumentativ zu einer atheistischen Position bekennen: Hier wird – begleitet ebenfalls von einem breiten Presseecho – die These vertreten: Religion ist gefährlich! Gottesglaube hat unglaubliches Elend über die Menschheit gebracht. Religiöse Einstellungen sind antiquiert und stehen wissenschaftlichem Fortschritt und einer modernen Weltanschauung und Lebensorientierung im Wege.

Besonders im Fokus dieser Kritik stehen die monotheistischen Religionen. Sie müssen sich die Frage gefallen lassen, ob ein monotheistischer Gottesglaube, wie wir ihn im Judentum, Christentum und Islam finden, nicht notwendig zu Intoleranz und damit konsequenterweise auch zu Gewalt führt.

Die unzähligen Terroranschläge, von den Verantwortlichen als Dschihad vollzogen, als Akt einer heiligen Kriegsführung im Namen Allahs, sind gerade in ihrer Häufung, speziell nach „9/11", erneuter Anlass, nach dem Gewaltpotenzial von Religion, speziell in ihrer monotheistischen Form, zu fragen.

Wahre, friedliche und falsche, gewalttätige Religion?

Lange Zeit war – vor allem für Medien und Kommentatoren mit einer liberalen Einstellung – bei jedem religiös motivierten Terrorakt klar: „Das ist nicht der wahre Islam. Hier ist Religion nur missbraucht worden." Ähnlich ließ sich sogar der Dalai-Lama im Mai 2007 in einem Bild-Interview vernehmen, als er explizit vom „eigentlichen Islam" sprach und wie friedfertig dieser sei.[15] Diejenigen, die Terroranschläge verübten, praktizierten keinen Islam. Der Grundkonsens, für den nicht nur der Dalai-Lama steht, sondern vor allem ein aufgeklärtes, liberales Christentum, lautet: „Was Religion ist, wofür Religion steht – das wissen wir: Religion ist Nächstenliebe, Diakonie, Religion ist gewaltlos und sie ist eine Privatsache." In dieses Schema, in dem besonders im Westen Deutschlands Religion erlebt wurde, wurden auch andere Religionen eingeordnet. Eine gewalttätige islamische Religion – das konnte nicht sein. Das war immer und von vornherein ein Missverständnis, wie bezeichnenderweise der Philosoph Norbert Bolz erkannt hat, der im Gegensatz zum Dalai-Lama die These vertritt, „dass nicht der islamistische Terror das Problem ist, sondern der Islam selbst."[16]

Grundkonsens vom Dalai-Lama bis hin zum liberal geprägten Christentum: „Was Religion ist, wofür Religion steht – das wissen wir: Religion ist Nächstenliebe, Diakonie, Religion ist gewaltlos und sie ist eine Privatsache."

Inzwischen gibt es nämlich eine interessante Gegenbewegung: Wenn tatsächlich Religion gewalttätig ist – siehe Islam und islamischer Dschihad! –, kann dann nicht vielleicht auch praktizierte christliche Religion gewalttätig sein? Und wer wollte sich denn die Definitionskompetenz anmaßen, einen Gottesstandpunkt einnehmen und sagen: „Das ist richtiger Islam, das ist kein Islam" bzw. „das ist richtiges Christentum, das ist kein richtiges Christentum"? Was wäre denn, wenn Christen ebenfalls auf die Idee kämen und die alttestamentlichen Todesstrafen bei homosexuellem Verkehr, Unzucht und Feiertagsschändung durchsetzten? Tun sie es vielleicht nur deshalb weithin nicht, weil sie dazu zur Zeit nicht die Macht haben? – Monotheistische Religion ist also potenziell gewalttätig.

Dabei ist zwischen einer *strukturellen* und einer *programmatischen Gewalt* zu unterscheiden. *Strukturelle Gewalt* der Religion ist immer dann gegeben, wenn sie einen Alleinvertretungsanspruch erhebt, der nahezu notwendig auf die Verdrängung anderer Wahrheitsansprüche aus ist und durch diese Intoleranz in der Sache Konflikte und mindestens potenziell Gewaltanwendung provoziert.

Daneben tritt die Frage nach der *programmatischen Gewalt* einer Religion. Sie stellt sich etwa immer dann, wenn in Afghanistan oder im Irak muslimische Gotteskrieger im Namen Allahs blutige Attentate verüben.

In unserem Zusammenhang wichtig ist nicht so sehr das Bild vom Islam, das sich hier plausibel, aber doch sehr unkritisch ergibt, sondern das Bild vom Christentum, das hier für die Religion als solche steht. Christentum, speziell in der gesellschaftlich wirksamen Gestalt der beiden großen Konfessionen, ist Inbegriff gewaltfreier, altruistischer, friedlicher Religion und Spiritualität.

Wer in diesem Kontext das Gewaltpotenzial christlicher Religion thematisiert, fasst ein überaus heißes Eisen an, das sogar die Fragen der gesellschaftlichen und politischen Bedeutung der beiden Volkskirchen in unserem Land tangiert. Es ist politisch alles andere als korrekt, das Potenzial nicht struktureller, sondern programmatischer Gewalt zu thematisieren, das mit dem Christentum verbunden ist und das womöglich sogar mit den es tragenden Traditionen, speziell den biblischen Überlieferungen, verbunden ist – wir werden dies im Kap. III näher thematisieren.

Christen und Muslime sitzen im einen Boot der Religion! Und tatsächlich gibt es ja auch in der Geschichte der Christenheit zahllose Vorgänge religiös motivierter Gewaltanwendung: von Vertreibung über Zwangstaufen bis hin zu körperlicher Peinigung und Tötung. Von Kreuzzügen und Inquisition, Hexenverfolgung einmal ganz abgesehen. Selbst im Genf Calvins konnte ein heterodox Glaubender hingerichtet werden. Zeigen wir bitte nicht nur auf die anderen! Sind Islam und Christentum nicht potenziell gewalttätig, mindestens aber intolerant? Ist eine Ursache für diese Intoleranz nicht dieser ausschließliche Charakter ihres Gottesglaubens? Welche Bremsen gegen Intoleranz und religiöse Gewalt im Namen Gottes gibt es? Gibt es überhaupt welche? Das sind meines Erachtens nicht nur apologetische Fragen, die andere an uns richten. Wir stehen hier vor Grundfragen, die wir uns selbst stellen müssen und die unser Glaubensleben und unsere Existenz als Gemeinde betreffen.

> *Selbst im Genf Calvins konnte ein heterodox Glaubender hingerichtet werden. Zeigen wir bitte nicht nur auf die anderen!*

Die Logik der Kritik an monotheistischen Religionen

Die Kritik an monotheistischen Religionen ist einleuchtend:
- Der eine Gott hat gesprochen. Monotheistische Religionen beanspruchen Alleingeltung. Es existiert *nur ein* Gott, und dessen Gebote und Offenbarungen haben exklusive Geltung.
- Gott hat gesprochen. Monotheistische Religionen beanspruchen absolute Geltung: Die Religionen legitimieren sich über die Offenbarung des *einen* Gottes, der der *eine* Herr der Welt ist. Es kann keine Autorität geben, die diese Geltung relativieren oder infrage stellen könnte.
- Der eine Gott *aller* hat gesprochen. Da es nur *einen* Gott gibt, ist er der Gott aller. Was er sagt und will, hat universale Gültigkeit. Monotheistische Religionen beanspruchen darum *universale* Geltung.

Es leuchtet ein: So kann man nur über Gott und Offenbarung reden, wenn man den von uns als „modern" apostrophierten, „monistischen" Wahrheitsbegriff vertritt. Wahrheitsdenken und Gottesglaube gehören aufs Engste zusammen. Darum ist Monotheismus unter den Bedingungen des Wahrheitspluralismus nicht zu denken. Wenn es verschiedene Wahrheiten gibt, kann nicht ein Gott der allein wahre sein. Postmoderner Wahrheitspluralismus bedeutet darum in der Sache eine Infragestellung des – religiösen – Monotheismus, in dem die Intoleranz quasi eingebaut ist: Wenn der eine Gott aller mit absoluter Autorität und für alle geltend gesprochen hat, alles andere ausschließend, dann ist diesem Gott allein, unbedingt und von allen zu folgen. Da bleibt wenig Raum für andere und anderes. Konfliktträchtig wird es natürlich dann, wenn mehrere solcher Religionen mit solchen Geltungsansprüchen aufeinandertreffen.

Die Kritik an monotheistischen, sprich: exklusiven, absoluten und universalen, Geltungsansprüchen ist in unterschiedlicher Weise artikuliert worden. Wir wollen exemplarisch drei verschiedene Ansätze betrachten, die sich zwar unterschiedlich akzentuieren, aber doch einen gemeinsamen Grundtenor haben.

2) Kritik an exklusiven Geltungsansprüchen monotheistischer Religionen und Systeme

Martin Walser

Abschied vom Missionarismus

Martin Walser, einer der bekanntesten Schriftsteller der Bundesrepublik, hat sich immer wieder kritisch mit monotheistischen Religionen und ihren Spätfolgen beschäftigt. In einem zuerst im Oktober 1998 veröffentlichten Essay[17] spricht er zunächst die aller Orten gemalten Weltuntergangsszenarien an, deren Schilderung begleitet sind von „universalistischen Rezepten", die sich an alle richten und denen alle Welt folgen muss, damit die Erde nicht untergeht. Walser sieht in diesen mancherlei Typen von „Welterlösungsanspruch" eine „Immernochbefangenheit in Religionsvermächtnissen". In den absoluten, unbedingten, universal (heute „global") ergehenden Erlösungsutopien, seien sie nun ökologischer, sozialer, politischer Art, sieht er den alten „Missionarismus: Gehet hin und lehret alle Völker" am Werk. Die Orientierungs- und Handlungsmodelle der Gegenwart sind „Christenerbe". Nicht nur seinerzeit im Marxismus, sondern „in jedem Weltmachtauftritt und in jedem Globalisierungseifer" wirkt der christliche „Missionarismus" noch nach: „Unsere Angst vor Sinnleere, unsere hastige Suche nach einer möglichst sofort globalisierbaren Ethik, am charmantesten begründet mit der Sorge um den Planeten, ist christliches Erbe." Walser weiter: „Was zuerst universalistisch daherkam und im Marxismus internationalistisch hieß, heißt jetzt global. Ist da nicht immer noch der alte Eifer am Werk?" Dieser Eifer, der sich an alle richtet, alle beglücken will mit dem Guten und Richtigen, das dann auch unbedingt zu tun ist und die Welt retten soll – dieser Eifer ist es, den Walser ablehnt: „Hiesig bleiben! Keine zentralistischen Visionen. Bloß keine Ethik für alle. Bloß keinen säkularisierten, auf Demokratie frisierten Monotheismus!" Wir stehen, so Walser, heute vor einem Monotheismus in säkularisierter Gestalt. In ihm wirkt aber das alte, schwierige Erbe fort. Kern und Ursprung dieser monotheistischen Denkform und Verhaltensnorm ist die Offenbarung Gottes als eifersüchtiger Herrscher im Rahmen der Zehn Gebote: „Denn ich, der HERR, dein Gott, bin ein eifersüchtiger Gott." Walser interpretiert: „Du sollst neben mir nichts anderes haben." Nichts anderes darf neben diesem Gott, der allein Gott ist, gelten. Die kritische Reflexion Walsers konzentriert sich auf drei Beobachtungen:

1. Durch den Monotheismus kommt eine unduldsame Ausschließlichkeit in die Welt hinein. Gottes Gebote gelten für alle, sie gelten absolut, sie gelten allein, exklusiv.

2. Durch den Monotheismus wird der Mensch unfrei. Die Beziehung zu diesem Gott beruht auf Unterwerfung. „Alle Herrschaftsverhältnisse auf dieser Erde kopieren seitdem dieses Verhältnis." Ethik und Religion als universale, absolute und exklusive Geltung beanspruchende Systeme werden Mittel zur Macht. „Machtausübung findet immer Werten zuliebe statt … Von uns wird verlangt oder erwartet, dass wir uns fügen, einordnen, benehmen, unterwerfen. Vom Christentum an. Vom eifersüchtigen Gott an." Und „von da an läuft alles verkehrt." Hier wird sehr klar ausgesprochen: Religion kann zum Mittel der Machtausübung und der Machtergreifung werden. „Wir leben in den Kulissen einer Religion, die von Anfang an zur Gründung und Erhaltung von Herrschaft diente."

3. Diese absolute und exklusive Geltung beanspruchenden, meine Unterwerfung fordernden religiösen Gebote machen aber, so Walser, erst „böse". „Unterworfen sein macht böse." Selbst durch solche „Texte" wie das Liebesgebot „soll unsere Natur diszipliniert werden. Dazu muss sie uns zuerst einmal schlecht gemacht werden. Wir werden darauf eingestimmt, dass wir böse sind, wenn wir nicht das tun, was von uns verlangt wird." Und nun: „Wir machen gute Miene zu einem Spiel, das uns böse macht." Man darf interpretieren: An sich ist der Mensch nicht böse. Damit er aber durch Ethik unterworfen werden kann, muss ihm zunächst einmal erklärt werden, dass er böse ist und was er tun muss, damit er gut wird.

Die Anmaßung eines quasi göttlichen Richterstandpunktes

In dem postmodernen, 2002 erschienenen Schlüsselroman „Tod eines Kritikers" kann Walser die Kritik am Monotheismus noch einmal zuspitzen.

Im Mittelpunkt steht kaum verhüllt die Person des Papstes der Literatur-kritik, Marcel Reich-Ranitzki, im Roman bezeichnenderweise Ehrl-König genannt. Er nimmt auf seinem Kritikerthron einen göttlichen Richter-standpunkt ein. Seine Kritikerurteile be- und verurteilen messerscharf als gut oder böse, falsch oder richtig und stiften oder vernichten literarische Existenzen. Anschaulich zeichnet Walser nach, wie dieser Urteilsstand-punkt durch Machtdynamik bestimmt ist, wie er Macht dem schafft, der sich mit der Kritiker-Vernunft identifiziert, und wie er Unterwerfung von denen fordert, die hier – vor der quasi göttlichen Autorität – bestehen wol-len. Diese Kritikerkultur ist für Walser Inbegriff der jüdisch-christlichen, durch den Monotheismus geprägten Urteilskultur, inklusive ihrem jüdisch-monotheistischen Ursprung.

Vertrauen auf „ältere Erbschaften"

Was ist Walsers Alternative? Er plädiert in postmoderner Manier für die Freiheit und Ungebundenheit des Individuums. Dieses wird durch Gebote, vor allem durch exklusive, absolute und universale, nur eingeengt. „Selbst auf das Liebesgebot", erklärt Walser, „reagiere ich wie auf alle Gebote widerstrebend." Noch einmal: „Bloß keine Ethik für alle." „Statt Glaubensleistungen nach oben, Genussfähigkeit unter uns." Mit Nietzsche fordert Walser: „Wir müssen wieder gute Nachbarn der nächsten Dinge werden." Es gilt, Abschied zu nehmen von den Welterlösungsutopien und ihren einengenden Zwängen: „Wir sind nicht dazu da, andere zu retten. Es sei denn, sie sind in Not, aber in wirklicher Not. Nicht in Glaubens- oder Bewusstseins- oder Ethiknot." Kurz gesagt: „Nicht an andere sollen wir denken, sondern an uns. Nur dann haben vielleicht [!] auch andere etwas von uns."

„Selbst auf das Liebesgebot", erklärt Walser, „reagiere ich wie auf alle Gebote widerstrebend."

Walser vertraut auf ältere, vorchristliche Erbschaften: „In jedem Baum, in jeder Quelle, in jedem Bach ein anderer Gott." Der heidnische, vor-christliche Polytheismus – das ist die Lösung. Er ist dezentral, hiesig, bei „einer hingestreuten Göttervielfalt" droht dem Menschen keine „Gefahr" durch absolute, exklusive, universale Ansprüche.

Odo Marquard

Der 1928 geborene, 1993 emeritierte und zuletzt in Gießen lehrende Philosoph Odo Marquard ist einer der wenigen deutschen postmodernen Denker mit Format und Profil. Immer wieder hat er sich kritisch mit den totalitären, die Freiheit des Individuums einengenden Tendenzen des Monotheismus auseinandergesetzt und diesem immer erneut das „Lob des Polytheismus" entgegengesetzt.[18]

Plädoyer für religiöse „Gewaltenteilung"

Marquard steht der modernen Sicht des Menschen als Individuum, das sich kritisch und autonom mit den es determinieren wollenden Gewalten aus-

Der Schwache braucht gegenüber dem Übermächtigen eine Teilung der Gewalten.

einandersetzt, skeptisch und realistisch gegenüber: „Normalerweise würde man ja sagen, erst ist das Individuum da und dann kann es sich die Gewalten vom Hals halten oder auch nicht. Ich glaube, eine starke Tendenz besteht darin, dass erst die Gewaltenteilung da ist und dadurch das Individuum entsteht, und zwar deswegen, weil die verschiedenen Gewalten – Sakralgewalten, Wirtschaftskräfte, politische Kräfte, gesellschaftliche Kräfte, Kulturkräfte und so – weil die, wenn sie als viele uns determinieren, dadurch uns Freiheitsräume schaffen, weil jede Determination durch andere Determinationen begrenzt wird und dadurch ein Alleinzugriff einer Determination nicht zum Zuge kommt."[19]

Der Mensch ist ein gefährdetes, ausgesetztes Wesen, das von vornherein unter dem Zugriff verschiedener Mächte, vor allem auch dem Zugriff religiöser, sakraler Mächte steht. Wie kann es angesichts dieser „Götter" frei sein? Marquard greift auf einen zentralen Gedanken des Skeptikers und Staatstheoretikers Montesquieu zurück: Der Schwache braucht gegenüber dem Übermächtigen eine Teilung der Gewalten. Polytheismus ist Gewaltenteilung, Aufsplittung der Übermacht des Monotheismus, die die Entfaltung des Individuums behindert, ja schon seine Subjektwerdung gefährdet.

Monotheismus verhindert und beschneidet Freiheit

Monotheismus ist seinem Wesen nach tyrannisch. Er duldet nichts neben sich, verdrängt alle anderen Götter. Und er fordert, so auch Marquard, Unterwerfung. Er fordert sie total. In der Sprache Marquards: „Wer monomythisch – durch Leben und Erzählen – nur an einer einzigen Geschichte teilnehmen darf und muss ...“ – gemeint ist: wer nur dem Anspruch eines Gottes, der seine Geschichte mit dem Individuum schreiben und haben will, ausgesetzt ist –, „... hat diese Freiheit nicht: er ist ganz und gar – sozusagen durch eine monomythische Verstricktseinsgleichschaltung – mit Haut und Haaren von ihr besessen.“[20] Die Chance zur Freiheit besteht für den Einzelnen nicht, „sobald die Gewalt einer einzigen Geschichte ihn ungeteilt beherrscht.“[21] Dann ist er gezwungen, „sich dem absoluten Alleinmythos im Singular“ zu unterwerfen, „der keine anderen Mythen neben sich duldet, weil er gebietet: Ich bin deine einzige Geschichte, du sollst keine anderen Geschichten [Loyalitäten, Lebenszusammenhänge] haben neben mir.“[22]

Marquard beobachtet wie Walser, dass sich durch den eifersüchtigen Alleinherrschaftsanspruch des Monotheismus eine beherrschende exklusive, universale und mit absoluten Geltungsansprüchen auftretende Denkform etabliert. Der Monotheismus hat den Polytheismus verdrängt, mit verhängnisvollen Wirkungen. Der Monotheismus wird in der abendländischen, speziell der neuzeitlich-modernen Geschichte zum Monomythos, der sich absolut setzt und die Heilsgeschichte säkularisiert, indem er dem Menschen sagt, wie allein die Welt erlöst werden kann: „Im Monotheismus negiert der eine Gott – eben durch seine Einzigkeit – die vielen Götter. Damit liquidiert er zugleich die vielen Geschichten dieser vielen Götter zugunsten der einzigen Geschichte, die nottut: der Heilsgeschichte; er entmythologisiert die Welt. Das geschieht epochal im Monotheismus der Bibel und des Christentums.“[23] Auch nach der Verabschiedung des einen Gottes bleibt aber diese Vorstellung wirksam als „die Alleingeschichte der Ermächtigung einer Alleinmacht zur Erlösung der Menschheit.“[24] – Man denke nur an die soteriologischen, heilsgeschichtlichen Ansprüche von Marxismus, Nationalsozialismus oder modernen Monomythen, die die Erde vor dem Untergang bewahren wollen, sich universal an alle Menschen richten, exklusiv den Weg zur Rettung weisen, mit einem absoluten Anspruch begegnen und jedem Ungehorsamen mit dem Unheil der Vernichtung drohen. Marquard

fordert, in dieser Hinsicht vergleichbar mit Walser, die Rückkehr zum Polytheismus. Polytheismus, das ist „Gewaltenteilung im Absoluten durch Pluralismus der Götter"[25]. Wer polytheistisch lebt, der
existiert polymythisch, das heißt, er hat mit verschie-
Freiheit entsteht denen Göttern und Gewalten seine Mythen, sprich:
dadurch, dass die seine Geschichten. Und das gibt dem Individuum
Götter und Gewal- Freiräume, ermöglicht ihm letztlich Freiheit. In der
ten sich gegenseitig Sprache Marquards: „Wer polymythisch – durch
einschränken. Leben und Erzählen – an vielen Geschichten teilnimmt, hat durch die jeweils eine Geschichte Freiheit von der jeweils anderen et vice versa und durch
weitere Interferenzen vielfach überkreuz."[26] Freiheit entsteht dadurch, dass
die Götter und Gewalten sich eben gegenseitig einschränken.

Polytheismus als Mittel gegen den „Zwang zu restloser Identität"

Freiheit, so die logische religionskritische Konsequenz, ist für den Menschen nur da erreichbar, wo er sich nicht einem Monotheismus oder dessen
säkularisierter Form, dem Monomythos, unterwirft, sondern sich bewusst
polytheistisch orientiert. Nur so vermeidet er, von einem Gott „mit Haut
und Haaren … besessen zu sein"; nur so entledigt er sich des „Zwangs zur
restlosen Identität"[27], die oft zu totalitären Lebenskonzepten führt. Hilfreich und von Marquard empfohlen ist eine skeptische Grundeinstellung,
die „zwei gegensätzliche Überzeugungen und dadurch beide so sehr an
Kraft einbüßen" lässt, „dass der Einzelne – divide et fuge! – als lachender
oder weinender Dritter von ihnen freikommt in die Distanz, die je eigene
Individualität."[28] Denn „für absolute Orientierungen (für die absolut richtige Einrichtung des absolut richtigen Lebens, die auf absoluter Wahrheits-
findung beruht) leben wir nicht lange genug …", so die höchst bescheidene
und realitätsnahe Einschätzung Marquards, „ … unser Tod ist stets schnel-
ler als diese absolute Orientierung."[29]

Jan Assmann

Die zurzeit angesagteste Kritik am Monotheismus der jüdischen, christlichen und islamischen Religionen findet sich bei dem 2003 emeritierten, zuletzt in Heidelberg lehrenden Ägyptologen und Kulturphilosophen Jan Assmann, der seit 2005 noch als Honorarprofessor für Kulturwissenschaft und Religionstheorie an der Universität Konstanz tätig ist.

1998 veröffentlichte Assmann unter dem Titel „Moses der Ägypter. Entzifferung einer Gedächtnisspur" im Anschluss und in Weiterführung seiner Theorie des kulturellen Gedächtnisses eine Untersuchung zum Ursprung des Monotheismus und seiner Folgewirkungen. In der 2003 veröffentlichten Untersuchung „Die Mosaische Unterscheidung oder der Preis des Monotheismus" führt Assmann die Diskussion mit seinen Kritikern, indem er die wichtigsten Voten dokumentiert und auf diese im Detail antwortet. Seither wird die Debatte um die Monotheismus-Kritik Assmanns in einer fast unüberschaubaren Zahl von Aufsätzen und weiteren Studien vorangetrieben.[30]

Die „Mosaische Unterscheidung" als Geburt des Monotheismus

Assmanns zentrale These lautet: Der Monotheismus beruht „auf der Unterscheidung von wahrer und falscher Religion"[31]. Die von ihm sog. „Mosaische Unterscheidung" geht zwar historisch auf den Pharao Amenophis IV. zurück, der sich selber Echnathon nannte und einen radikalen Monotheismus durch exklusive Anbetung des Sonnengottes durchsetzte. Wirkungsgeschichtlich aber verbindet sie sich vor allem mit dem Namen des Mose, den Assmann für eine unhistorische Figur hält: Echnathons radikaler Monotheismus stiftete „keine Tradition, sondern wurde unmittelbar nach dem Tod ihres Gründers vergessen. Moses [dagegen] ist eine Figur der Erinnerung, aber nicht der Geschichte; Echnathon ist eine Figur der Geschichte, aber nicht der Erinnerung."[32]

Die historisch auf Echnathon zurückgehende, aber Moses zugeschriebene und über die jüdisch-christliche Tradition weltgeschichtlich wirksam gewordene Mosaische Unterscheidung „ist die Unterscheidung zwischen wahr und unwahr in der Religion, die spezifischeren Unterscheidungen zugrunde liegt wie die zwischen Juden und *gojim*, Christen und Heiden, Muslimen und Ungläubigen. Wenn diese Unterscheidung einmal getroffen wird, dann kehrt sie innerhalb der durch sie gespaltenen Räume endlos wieder. Wir fangen an bei Christen und Heiden und enden bei Katholiken und Protestanten, Lutheranern und Calvinisten, Sozinianern und Latitudinariern und Tausenden ähnlicher Bezeichnungen und Unterbezeichnungen. Solche kulturellen, religiösen oder intellektuellen Unterscheidungen konstruieren nicht nur eine Welt, die voller Bedeutung, Identität und Orientierung, sondern auch voller Konflikt, Intoleranz und Gewalt ist."[33] So lautet die griffige Formulierung einer ebenso eingängigen wie schlichten These, die eben auch die moderne Intoleranz zwischen den Religionen und die Gewaltausübung im Namen des einen Gottes auf die monotheistische Formatierung von Welt und Wirklichkeit zurückführen will.

Ebenso wie Walser, Marquard und übrigens auch Derrida und andere Denker sieht auch Assmann, dass mit dem Monotheismus ein Denken in Unterscheidungen, in gut und böse, richtig und falsch in die Welt gekommen ist, das einen universalen, exklusiven und absoluten Geltungsanspruch erhebt und das über den unmittelbaren Bereich monotheistischer Religiosität hinaus wirkt und sich säkular verselbstständigt.

Durch die Unterscheidung von „wahr" und „falsch" kommt der Hass in die Welt

An diesen absolut gültigen, weil in dem einen Gott begründeten Unterscheidungen mit universalem Geltungsanspruch entstehen nun die Trennungen unter den Menschen. Folgen sie dieser Offenbarung der Wahrheit, dann sind sie die wahren Gläubigen. Folgen sie der Wahrheit nicht, dann sind sie Ungläubige. Erst die Möglichkeit der Unterscheidung und Unterschiedenheit zwischen Menschen eröffnet denn auch die Möglichkeit eines intoleranten Verhaltens. Mit der „Mosaischen Unterscheidung" ist denn auch, so Assmann, erst „der Hass in die Welt gekommen", als Hass auf die Heiden und als Hass der als Heiden Ausgegrenzten.[34] Assmann bezeichnet dieses monotheistische Konzept geradezu als „Gegen-Religion", die in der toleranten, polytheistischen Antike einen religiösen Schock ausgelöst habe.

Das kosmotheistische Gegenmodell „universaler Übersetzbarkeit"

Nach Assmann bricht dieser Monotheismus in einen polytheistischen Kosmotheismus ein, der von der Voraussetzung ausgeht, dass alle Religionen „eine gemeinsame Grundlage" haben:[35] „Die Gottheiten waren international, weil sie kosmisch waren. Die verschiedenen Völker verehrten verschiedene Götter, aber niemand bestritt die Wirklichkeit fremder Götter oder die Legitimität fremder Formen ihrer Verehrung."[36] Denn in den fremden Göttern begegnete man den eigenen, nur unter einem anderen Namen. Darum ist es logisch, dass nach Assmann „den antiken Polytheismen … der Begriff einer unwahren Religion vollkommen fremd"[37] war. Die Einheitsvoraussetzung ermöglichte ein Konzept „interkultureller Übersetzbarkeit"[38], das eben im andern nicht das Fremde, sondern das Eigene identifizieren konnte. Toleranz im Sinne einer aktiven Duldung eines Fremden war insofern nicht nötig, logisch streng genommen ja auch gar nicht möglich.

3) Kritik, von der man profitieren kann

Wenn wir Stellung nehmen zu diesen provozierenden Aussagen, dann sollten wir zunächst die Frage nach den berechtigten Anliegen und Einsichten stellen, die christlichem Glauben gerade auch in religionskritischen Äußerungen begegnen, denn die geschilderte Kritik hält auch Christen einen Spiegel vor. Ich darf daran erinnern, dass sie von Persönlichkeiten erfolgt, die in unserer Gesellschaft und im Raum der Wissenschaft einen herausragenden Ruf genießen. Bezeichnend ist überdies, dass sich die Stoßrichtung der kritischen Äußerungen weitgehend deckt, trotz sehr unterschiedlicher weltanschaulicher und philosophischer Positionen. Walser, Marquard und Assmann halten uns also einen Spiegel vor. Sie tun dies im Großen und Ganzen sachlich. Auch wenn man die Positionen im Einzelnen hinterfragen kann und muss, und wir werden das ja auch noch tun, bleibt ein übereinstimmender Eindruck. Wir sehen ein Bild in dem Spiegel, das uns tief beeindrucken, ja erschrecken lassen muss:

Monotheismus macht Angst

Dieser Gottesglaube löst bei denen, die ihn – offenbar mit Gründen – nicht teilen, Angst aus. Angst vor der Intoleranz, der Unduldsamkeit, die jene vielfach zeigen, die ihn vertreten. Monotheismus bedeutet: recht haben, alleine recht haben wollen, sich durchsetzen wollen. Das heißt dann eben auch: Konflikte provozieren und nicht scheuen, und im Endeffekt: Intoleranz, Gewalt, Verdrängung.

Rückfragen:
• Was ist da schiefgelaufen mit unserer, mit der christlichen Repräsentation des biblischen Gottes? Wie kommt es, dass Menschen meinen, in Deckung gehen zu müssen, wenn sie auf monotheistisch eingestellte Mitmenschen treffen? Dass nach Maßnahmen gefragt wird, die ergriffen werden müssen, damit Gottesglaube nicht gefährlich wird?
• Ist der hier kritisierte Gott der Gott, der uns in Jesus begegnet, der uns in Jesus sein Gesicht gezeigt hat: das Gesicht der Liebe, Barmherzigkeit und Demut? Ist Gott, unser Gott, der dreieinige Gott, etwas Bedrohliches? Manche meinen: „Ja!"

Monotheismus macht unfrei

Monotheistischer Gottesglaube mit seinen exklusiven, absoluten und universalen Geltungsansprüchen erdrückt. Er lässt keinen Raum, auch keinen Raum zur Entfaltung. Er zwingt, wie Marquard formuliert, zu restloser Identität. Er ist etwas, dem man unbedingt und in allem folgen muss. Er verhindert die Entwicklung von Individualität und behindert die Entfaltung von Freiheit. Er nimmt die Luft. Er ist zwanghaft und allenfalls etwas für zwanghafte Gemüter.

Rückfragen:
• Ist das ein Glaube, der sich zu leben lohnt, der die Lebensqualität auf seiner Seite hat? Natürlich mag man schnell einwenden, dass sich auch die Kritik vor Pauschalisierungen hüten muss, vor falschen Verallgemei-

nerungen. Aber gibt es diese Prägungen nicht doch oft, allzu oft, auch unter engagierten Christen? Und liegt dieses Streben nach „restloser Identität", in der kein Raum für anderes ist, nicht in der Logik des geschilderten Monotheismus und seiner Geltungsansprüche?

- Ist das ein Gott, zu dem wir eine Beziehung aufbauen wollen, der uns restlos besitzen will, von dem wir – noch einmal Marquard – „besessen" sind?
- Begegnet uns der biblische Gott so? Unsere Freiheit einschränkend, unsere Individualisierung behindernd? Wirkt der Heilige Geist so, dass er bei uns alles Selbstständige unterdrückt? Manche meinen: „Ja!"
- Stellt sich nicht schon hier und nicht erst bei den Landnahmegeschichten der Bibel die Frage nach der Gewalt eines Gottes, der uns so unterdrückt, dass wir nicht frei zu atmen vermögen, von freiem Denken ganz zu schweigen?

Monotheismus macht Glauben zu einem System

Monotheismus führt notwendig zur Mosaischen Unterscheidung. Menschen wissen auf einmal ganz genau, was gut und schlecht, wahr und falsch, richtig und böse ist. Ihr Glaube ist nicht (mehr) Beziehungswirklichkeit. Er wird zur Ideologie, zum weltanschaulichen System. Selbst ihr Leben wird zum System mit vielen Schächtelchen und Schubladen, das sie dann auch noch möglichst vielen anderen aufzudrängen suchen.

Rückfragen:
- Ist Gemeinde wirklich der Ort, in dem Menschen ganz genau, ganz besonders genau, wissen, was wahr und falsch, was richtig und was böse ist? Ist Kirche Jesu Christi der Ort, der vor allem durch richtige Normen und Regeln und Gesetze bestimmt ist?
- War es das, was Jesus Christus im Gegenüber zu Pharisäern und Schriftgelehrten ein Anliegen war, dass wir es nun noch genauer wissen, was zu tun ist? Manche meinen: „Ja!"

Monotheismus führt zu Herrschaft und Unterwerfung

Monotheismus ist ein Instrument der Unterwerfung anderer und der Herrschaft von Menschen über Menschen. Es sind ja immer Menschen, die anderen Menschen erklären: „So spricht der Herr! Das ist der Wille Gottes!",
und die dann ihre eigene Position anderen mit Hinweis auf diese göttliche,
absolute Autorität aufzuzwingen suchen, die immer wissen, wie nicht nur
sie selbst, sondern auch alle anderen zu leben haben: nach ihrem eigenen
Konzept. Es sind ja immer Menschen, die unter dem Anspruch, Mensch-
heitsbeglücker zu sein, ihren Missionarismus ausleben und für die alleinige
Wahrheit ihres Glaubens eifern.

Rückfragen:
- Wollte Jesus Gemeinden, in denen die einen den anderen zu sagen haben, was sie zu tun haben, wenn sie zu Jesus gehören wollen?
- Hat Jesus sich zur Macht gebracht, indem er andere Menschen unter sein
  Glaubenssystem gebracht hat? War die Verkündigung des Evangeliums
  für ihn eine Weise raffinierter Selbstbehauptung? War Jesus ein solcher
  „Missionarist", dessen Ziel es ist, dass möglichst viele Menschen ihm folgen und seinen Glauben annehmen? Ist das unser Gott, der andere unter
  seine Fahne ruft? Der andere unterwirft und Ergebung *(islam)* fordert?
  Ist das unser Gott? Manche meinen: „Ja!"
- Oder ist der unser Gott, der uns anspricht, uns in unserer Individualität
  ernst nimmt, unsere Persönlichkeit achtet, der uns im Modus der Bitte
  begegnet: „Wir bitten an Christi statt: Lasst euch versöhnen mit Gott!"?

Monotheismus macht Menschen überheblich
und überfordert sie

Christen wissen alles zu genau. – Juden und Muslime berücksichtigen wir
jetzt einmal nicht, wir kehren lieber vor unserer eigenen Tür. Christen kennen die Wahrheit, und sie führen das wahre Leben, jedenfalls kennen sie das
absolut richtige Lebenskonzept. Aber ist eine solche Lebensphilosophie human? Entspricht sie unserer doch bloß menschlichen Verfassung? Müssten

wir nicht Götter sein, um so absolut richtig nach der absoluten Wahrheit
leben zu können? Und maßt man sich nicht einen sehr un-menschlichen
Gottesstandpunkt an, wenn man so sicher ist, die Wahrheit zu haben und
zu tun (vgl. Kap. I)? Wahrheit – ist das nicht etwas, was man, mit dem berühmten Wort Lessings, Gott allein lassen sollte? Als bloß endliche Wesen
ist das doch alles mindestens eine Nummer zu groß für uns. Und das zeigt
sich ja auch spätestens dann, wenn eben Menschen zusammenstoßen, nicht
nur interreligiös, sondern intrareligiös, also im Rahmen ein und derselben
Religion und Konfession sehr unterschiedliche, widersprüchliche Auffassungen von dem vertreten, was christlich, was die Wahrheit, was Gottes
Wille ist.

Rückfragen:
* Ist christlicher Glaube die rationale Erkenntnis der absoluten Wahrheit
  und die – möglichst – perfekte Praxis dessen, was absolut richtig ist? Ist
  religiöse Praxis damit ein Stück weit Hilfe zur Gottwerdung des Menschen? Manche meinen: „Ja!"
* Oder ist christlicher Glaube das Wahr-nehmen-Dürfen: „Ich bin Mensch,
  bloß Mensch, und ich darf es sein. Ich muss nicht mehr als bloß Mensch
  sein, weil Gott mich liebt, so liebt, wie ich bin." Eine Einsicht, die wir
  im Angesicht Christi, im Anschauen seines Umgangs mit Menschen und
  im Hören seiner Worte gewinnen: Gott nimmt dich unbedingt, ohne
  Vorbedingung, an! Verzichte darauf, Gott spielen zu wollen, und wende dich ihm mit der Liebe und Kraft zu, die diese Liebe Gottes bei dir
  auslöst!

Ich rate sehr dazu, die Anstöße der Religionskritik am Monotheismus nicht
zu ignorieren und möglichst schnell zu übergehen. Sie können uns wertvol-
le Impulse zur Reflexion und Veränderung geben, zu denen wir aus eigener
Kraft vielleicht gar nicht mehr finden.

Die Kritik am Monotheismus hält uns einen Spiegel vor, der uns erschrecken lässt, wenn wir seinem Bild standhalten, der uns aber auch zu
Selbstkritik und Reformation helfen kann. Wir werden sehr viel tun und
noch mehr nachdenken müssen, wenn wir als Christen ein anderes Erscheinungsbild und ein anderes Spiegelbild wollen.

4) Kritik an der Monotheismus-Kritik

Wir kommen zu einem zweiten Schritt und Abschnitt unserer Kritik. Der erste Schritt führte zu den Fragen:

- Ist das eigentlich unser Gott, der Gott, der sich uns in Jesus aus Nazareth vorgestellt hat, der hier so plausibel bekämpft wird?
- Was haben wir bloß getan, dass Menschen im christlichen Glauben dieses Zerrbild von Religion und Gott sehen können?
- Was müssen wir tun, damit dieses Bild, dieser Spiegel korrekter wird?

Wir haben auch bereits einen ersten Schritt zur Beantwortung dieser Frage getan, als wir uns in Kap. I,3 an den Gott der Bibel erinnert haben, konkret: an Jesus und an die Art und Weise, wie er mit uns Menschen kommuniziert, wie er die Wahrheit vermittelt, die er selber in Person ist, wie bei ihm Wahrheit, absolute, strenge, reine Wahrheit zusammenfällt mit unbedingter Barmherzigkeit, konkreter, persönlicher, aufhelfender Zuwendung, wie Begegnungen mit der Wahrheit entstehen, in denen keinerlei Angst ist.

Jesus – das ist die Spur, der wir folgen müssen, wenn wir an der Frage dranbleiben wollen, wie denn beides zusammenpasst, ja zusammengehört: Wahrheit und Duldsamkeit, Wahrheit und eine Praxis der Liebe, Orientierung und Barmherzigkeit. Für die christliche monotheistische Religion hat das einen Namen, und es ist schon ein Problem der Monotheismuskritik, dass dieser Name, soweit ich sehe – von Jacques Derrida einmal abgesehen – nicht auftaucht.

Wir wollen nun in einem zweiten Schritt die Voraussetzungen, Argumentationen und Konsequenzen der Positionen selbst in Augenschein nehmen, von denen aus die Kritik am Monotheismus geschieht. Ein erster wichtiger Punkt ist bereits angesprochen:

Die Kritik am christlichen Monotheismus ist nicht christozentrisch

Religion hat, wenn sie richtige Religion sein will, idealtypisch zu sein und auf Gewalt zu verzichten – wir sahen bereits, dass unsere westliche, liberale Kultur dieses Schema voraussetzt (das dann auch in atheistischer Religionskritik unter negativem Vorzeichen begegnen kann: Religion ist idealtypisch zumindest potenziell gewalttätig). Bezeichnenderweise schreibt auch Jan Assmann in einer seiner neueren Veröffentlichungen, es ginge angesichts der von monotheistischen Religionen ausgehenden Gewalt nicht um eine Rückkehr zum Polytheismus, sondern darum, „unsere Bilder von Gott … von ihren gewalttätigen Zügen zu reinigen und eine klare Trennungslinie zwischen den Begriffen ‚Religion‘ und ‚Gewalt‘ zu ziehen. Gewalt gehört in den Bereich der Politik, nicht der Religion, und eine Religion, die zu Gewalt greift, bleibt im Raum des Politischen stecken und verfehlt ihre eigentliche Aufgabe in dieser Welt.“[39] Als wenn wir uns Religion, „Gott“ so einfach nach unseren Vorgaben, und seien sie noch so gut gemeint, „machen“ könnten! Als wenn uns Religion so einfach verfügbar wäre. Als wenn wir wüssten, was die eigentliche Aufgabe von Religion in dieser Welt ist! Ein solches postulatorisches und idealtypisches Verfahren ist darin naiv, dass es glaubt, einer Religion meint vorschreiben zu können, wie sie zu sein hat. Es ist darin unkritisch, dass es sich nicht darüber Rechenschaft gibt, dass ja die religionsphilosophische Frage erlaubt sein muss, woher denn die Kriterien für die wahre und richtige Religion stammen, und ob nicht in der Sache mit diesem Ideal selbst ein allen Religionen überlegener Gottesanspruch proklamiert wird.

Liberale Theoretiker, Politiker und Religionswissenschaftler und auch der Dalai-Lama[40] (vgl. S. 51) sind auf einmal in der Lage zu sagen, was angesichts der nicht auf einen Begriff zu bringenden Fülle unterschiedlichster, ja gegensätzlicher Erscheinungsformen z. B. von „Islam“ eigentlich niemand wissen kann: Was der „wahre Islam“ ist und wie er an sich ist.

Die gut meinenden Verteidiger der Religion haben den Gottesstandpunkt der aufgeklärten Vernunft eingenommen, die weiß, was Religion ist und was nicht. Und sie urteilen höchst dogmatisch, intolerant und letztlich sehr ignorant darüber, was das Wesen des Islam ist und was nicht. Denn alles, was ihrem Vor-Begriff von Religion nicht entspricht, kann nicht muslimisch sein.[41]

Leitend ist dabei eine Erfahrung von mehr als 100 Jahren befriedeter christlicher Religion, die die einzige ist, die man kennt. Die mithilfe der Religionsphilosophie I. Kants und G. W. F. Hegels erarbeitete und neu-protestantisch profilierte Formatierung von Christentum als Religion der Nächstenliebe, Zuwendung und Übernahme gesell-schaftlich-politischer Verantwortung wird zum Inbe-griff von Religion überhaupt. Da Islam Religion ist, muss er so sein, wie sich Christentum als Religion zeigt: friedfertig, im Kern human und das heißt tole-rant, gewaltfrei etc.

> *Die pauschale Rede von* dem *Gewalt- und Konfliktpotenzial der monotheistischen Religionen ist nur dann legitim, wenn sie jeder einzelnen, auch dem Christen-tum, entspricht.*

Was für die gut meinenden Verteidiger der Religion gilt, gilt nun in gleicher Weise für eine pauschale Religionskritik: Religion wird von einem Gottesstandpunkt aus kritisiert, der weiß, was und wie Religion ist. Die kritische Betrachtung kann sich aber nicht auf eine abstrakte Struktur beschränken, nach dem Motto: *„Wahrheitsansprüche sind exklusiv, und exklusive Geltungsansprüche schließen andere aus; die Trennungen bergen Konfliktpotenzial."* Die pauschale Rede von *der* Unduldsamkeit, dem Ge-walt- und Konfliktpotenzial *der* monotheistischen Religionen ist nur dann legitim, wenn sie jeder einzelnen der sog. monotheistischen Religionen, auch dem Christentum, entspricht.

Wenn Kritik treffen soll, muss sie konkret treffen. Was christlicher Glau-be ist, erfährt man aber nur, wenn man auf Christus, und zwar auf den ge-kreuzigten Christus, schaut. Theologie ist – jedenfalls nach evangelischem Verständnis – Theologie des Kreuzes. Paulus sagt: „Wir haben nichts unter euch gewusst außer Christus, und ihn als gekreuzigt." (1Kor 2,2) Das ist nicht nur ein Bibelspruch. Diesen Satz löst er mit seiner ganzen Theologie ein. Wir werden hierauf noch ausführlich in Kap. IV eingehen.

Entscheidend ist also die Art und Weise, wie göttliche Offenbarung, göttliche Geltungsansprüche, göttliche Wahrheit von Jesus als Kern und Norm biblischer Offenbarung und christlicher Praxis kommuniziert wer-den. Genau diese Insichtnahme der konkreten Glaubensinhalte bleibt aber zumeist aus.

Es kann nicht reichen, einzelne biblische Zusammenhänge aus dem Zu-sammenhang zu reißen und diese – unter Verzicht auf jede christozentrische

Bibelhermeneutik – als Belege für religiös motivierte Intoleranz und Gewalt zu begreifen. Wie der christliche Gott zu Gewalt steht, ob Gewalt religiös gerechtfertigt sein kann, diese Frage ist allein von Jesus her zu entscheiden, in dem sich autoritativ der dreieinige Gott offenbart, und seiner in den Evangelien bezeugten Praxis. Selbstkritisch ist zuzugestehen, dass es hier auch für die christliche Gemeinde und Theologie noch einiges an reflektierter, christozentrischer Bibelhermeneutik zu lernen gilt (vgl. Kap. III,1).

Die religionsgeschichtliche Forschung beginnt erst zu verstehen, dass darüber hinaus der Begriff der monotheistischen Religionen mindestens in der Frage nach deren Verhältnis zur Gewalt auszudifferenzieren ist. Es ist ein Unterschied, ob eine Religion theologisch eine fundamentale Differenz zwischen Reich Gottes und Reich dieser Welt kennt, oder die Unterscheidung von geistlich und weltlich, sichtbar und unsichtbar gar nicht denken kann, ob – wie im Christentum – im Mittelpunkt der Ausbreitung des Glaubens die Seele, der Personkern des Menschen, steht oder ob Missionierung – wie im Islam – abzielt auf eine totale Veränderung aller, auch der politischen, gesellschaftlichen, kulturellen Lebensverhältnisse und ob dementsprechend im Mittelpunkt der Ausbreitung des Glaubens ein Begriff steht, der von den meisten Muslimen als religiös legitimierte Gewaltanwendung verstanden wird, dessen Bedeutungsbandbreite diese Dimension mindestens umfasst.[42]

Wie der christliche Gott zu Gewalt steht, ob Gewalt religiös gerechtfertigt sein kann, diese Frage ist allein von Jesus her zu entscheiden.

„Vielherrschaft ist nicht gut; nur einer sei Herrscher!" – Zu den religiösen und philosophischen Wurzeln intoleranten Ausschließlichkeitsdenkens

Walser, Marquard und Assmann machen jeder für sich deutlich, dass die „monotheistische Denkform" bezeichnenderweise auch nach dem „Ende Gottes" (Marquard), nach der Säkularisierung weiter besteht. Das ist ein überaus interessanter und bezeichnender Sachverhalt: Ganz offenbar begegnen auch außerhalb der monotheistischen Sphäre universale, absolute und exklusive Wahrheitsansprüche! Das muss einen Grund haben. Dieser Grund, den Assmann an anderer Stelle zumindest andeutet, ist das abendländische Vernunftmodell, wie es von der griechischen Philosophie entwickelt wurde. Die griechische Aufklärung befreit in der Antike das Denken von einem mythologischen Polytheismus mit seinen vielen, auch widersprüchlichen Wahrheiten und ringt sich zu der Setzung durch, die dann für Aristoteles und das gesamte abendländische philosophische Denken der Ausgangspunkt ist. Vorbereitet vor allem durch den vorsokratischen Denker Parmenides bildet sich in Analogie zur Mosaischen Unterscheidung von wahrer und falscher Religion die Distinktion von wahrem und falschem Wissen heraus: „Der neue Wissensbegriff, den die Griechen eingeführt haben, ist" – so Assmann – „genauso revolutionär wie der neue Religionsbegriff, den die Juden eingeführt haben und für den der Name des Mose steht."[43]

Monotheismus und monistisches Vernunftverständnis gehören aufs Engste zusammen.

Das heißt also: Monotheismus – es gibt nur einen wahren Gott und daneben nur falsche – und monistisches Vernunftverständnis – es gibt nur eine wahre Aussage, die anderen, die dazu in Spannung oder Widerspruch stehen, sind falsch – gehören aufs Engste zusammen.

Die Frage nach dem Gewaltpotenzial und der Ausschließlichkeit der monotheistischen Religionen und die Frage nach der *einen* Wahrheit, die wir in Kap. I behandelt haben, sind also parallele, eng miteinander verbundene Diskussionen: Monotheistischer Exklusivismus und der Ausschließlichkeitsanspruch einer monistischen Vernunft haben beide dieselbe Struktur. Papst Benedikt XVI. hat in seiner viel beachteten Regensburger Rede erneut auf die nahezu heilsgeschichtliche Bedeutung dieser Verbindung von griechischem Geist und biblischer Offenbarung hingewiesen.[44] In dieser Einheit und Verbindung hat die abendländische Kultur ihre unglaubliche überlegene Rationalität gewonnen und Welterschließungs- wie Gestaltungskraft entfaltet.

Das bedeutet aber, dass nicht nur die monotheistischen Religionen im Fokus der Kritik stehen können. Das Problem liegt viel tiefer und ist viel umfassender, als dass es mit der Beseitigung einer religiösen Erscheinungsform gelöst werden könnte. Die Parallele von Monotheismus und monistischem Vernunftbegriff liegt ja gerade in deren *exklusiven, universalen* und *absoluten* Geltungsansprüchen.

exklusiv
- Wenn dieser der eine, wahre Gott ist, dann sind alle anderen Götter falsch, also keine Götter.
- Wenn das die Wahrheit, eine wahre Aussage ist, dann sind alle anderen, konkurrierenden, andersartigen, widersprechenden Aussagen falsch.

universal
- Wenn dieser der eine Gott ist, der eine Gott von allen, dann gelten auch seine Weisungen und Offenbarungen für alle.
- Wenn dies die eine Vernunft, wenn dies allein vernünftig ist, dann gilt diese Einsicht der Vernunft natürlich für alle Menschen, dann ist es vernünftig für alle Menschen, so zu handeln.

absolut
- Wenn hier Gott spricht, neben dem es keine andere Autorität (keinen anderen Gott) gibt, dann gelten seine Gebote natürlich absolut.
- Wenn diese Einsicht vernünftig ist, wahr ist, weil sie sich den Gesetzen vernünftigen Denkens verdankt, logisch ist, dann gilt sie absolut und kann universale, uneingeschränkte Achtung und Beherzigung verlangen.

Wir sehen: Der Charakter exklusiver, universaler und absoluter *und darum intoleranter* Geltungsansprüche eignet nicht nur dem Monotheismus, sondern auch der monistischen Vernunft, der Vernunft, sofern sie im Singular *gedacht sein soll*, sofern es also nur eine geben soll. Wenn es Wahrheit gibt, wenn es nur eine Wahrheit gibt, dann schließt eine wahre Aussage wie ein wahrer Gott ganz intolerant alle anderen Aussagen und alle anderen Götter aus.

Voraussetzung ist freilich der Entschluss, formuliert mit einem aus der Ilias zitierten Wort der Metaphysik[45] des Aristoteles als einem der Hauptwerke abendländischer Philosophie: „Vielherrschaft ist nicht gut; nur einer sei Herrscher."[46]

Was auf dem Spiel steht: ein Gott, eine Vernunft, eine Wahrheit

Nirgendwo steht geschrieben, dass es nur eine Wahrheit gibt, oder nirgendwo ist für alle zwingend logisch erkennbar, dass es nur einen Gott gibt. Trotzdem bestimmt diese Voraussetzung unsere ganze abendländische Kultur. Wir entschließen uns dazu, so zu denken und so zu glauben. Diese Entscheidung hat einen Preis: Und das ist die Exklusivität – es kann dann eben nur eine Aussage und ein Gott wahr sein. Aber genau diese Exklusivität, und das ist jetzt entscheidend, ist die Voraussetzung dafür, dass wir uns überhaupt orientieren, ja dass wir erkennen können – vom Lesen einer Landkarte über das richtige Verstehen von Texten bis hin zur Entscheidung, ob jemand gelogen hat oder ob ein Handeln gut oder falsch war:

- Für monistisches Denken kann es *nur einen* kürzesten Weg geben, und *nur* für monistisches Denken kann es den kürzesten Weg geben.
- Für monistisches Denken kann es *nur einen*, dem Text vom Autor beigelegten Sinn geben, und *nur* für monistisches Denken gibt es den Sinn des Textes, den der Autor diesem geben wollte. Im Rahmen einer polytheistisch-pluralistischen Toleranz kann diese Frage nach dem einen richtigen Sinn überhaupt nicht mehr gestellt werden.
- Für monistisches Vernunft-Denken kann es *nur ein* Handeln geben, das unter den gegebenen Umständen richtig oder falsch, gerecht oder ungerecht ist, und *nur* für monistisches, exklusives Vernunftdenken kann es eine Qualifikation eines Handelns als gerecht oder ungerecht, als gut oder böse geben. Für ein polytheistisch-pluralistisches Denken, das mehrere Wahrheiten kennt, ist eine solche Entscheidung nicht möglich.

Die polytheistisch-pluralistischen Ansätze sind zwar, dem Anspruch nach, tolerant, nicht exklusiv, Freiheit eröffnend. Sie fordern uns auf, die monotheistisch-monistisch-monarchische Denkform aufzugeben. Aber ist wirklich schon klar, was wir verlieren, wenn wir auf diese Mosaische Unterscheidung von wahr und falsch und analog auf die Parmenideische Unterscheidung für die Vernunft verzichten?

- Es fehlt dann jede Möglichkeit der Orientierung und einer Erkenntnis, die auf Unterscheidungen beruht, die eben ganz praktisch sagen kann: Etwas ist *so* und darum *nicht so*. Etwas ist 1 m lang und darum nicht zugleich 2 und 3 m lang.

- Es fehlt dann die Möglichkeit zu Verbindlichkeit, weil alles beliebig geworden ist, weil ja da, wo es nicht nur eine wahre Aussage gibt, alles nebeneinander denkbar und sagbar ist, nur nichts Verbindliches mehr. Bei Marquard liest sich das dann so: „Jede Philosophie ist eine traurige Wissenschaft, die es nicht vermag, über dieselbe Sache mal dies, mal das zu denken und jenen dieses und diesen jenes denken und weiterdenken zu lassen."[47] Würden wir aber nicht Philosophie und jede Wissenschaft beerdigen und zu einer unüberbietbar traurigen Sache machen, die nichts mehr ist als eine beliebige Meinungsvielfalt, in der ich mich ohnehin vorfinde und für die ich Philosophie und Wissenschaft nicht brauche?

- Es fehlt dann die Möglichkeit der Emanzipation und der Befreiung von einem als ungerecht, als unterdrückerisches Joch identifizierten Zustand. Das Freiheitspotenzial, das mit dem Exodus des Volkes Israel aus dem Sklavenhaus Ägypten verbunden ist und seit mehr als drei Jahrtausenden eine unglaubliche Wirkung entfaltet, wäre undenkbar – so hat z.B. der marxistische Philosoph Ernst Bloch[48] im Exodus wie auch in anderen biblischen Freiheits- und Emanzipationsgeschichten ein unentbehrliches Kraftpotenzial für die Veränderung ungerechter Verhältnisse identifiziert. Für ein polytheistisch-pluralistisches Denken wäre ja die intolerante Ausgrenzung, die in einer Markierung von gesellschaftlichen und politischen Verhältnissen als ungerecht, unsozial und tyrannisch liegt, gar nicht denkbar.

„Nicht an andere sollen wir denken, sondern an uns. Nur dann haben vielleicht auch andere etwas von uns." Vielleicht! Reicht das?

- Es fehlt dann die Möglichkeit einer verbindlichen Verantwortungsethik, die nicht nur sich selber sieht, sondern sich auch dem Wohl des Nächsten verpflichtet sieht. „Bloß keine Ethik für alle!", wie es Martin Walser fordert, klingt ja gut, befreiend und hilfreich – für alle, die ohnehin auf der Speckseite des Planeten leben. Für die anderen bedeutet es keine Erweiterung ihrer individuellen Handlungsspielräume, sondern womöglich ihr definitives Ende. „Nicht an andere sollen wir denken, sondern an uns. Nur dann haben vielleicht auch andere etwas von uns."[49] Vielleicht! Reicht das?

- Ist wirklich unser Hauptproblem, dass zu viele Menschen auf diesem Planeten danach fragen, was für das Zusammenleben aller und für das

Überleben des Nächsten förderlich ist? Ist es nicht vielmehr eine kultur-übergreifende Gleich-Gültigkeit und ein pan-universaler Egoismus, ein absolut gesetztes Ich? Muss es wirklich unsere Hauptsorge sein, dass sich Orientierungsansprüche gegenseitig blockieren, lähmen und aufheben, sodass sich der Einzelne guten Gewissens aus aller Verantwortung zurückziehen kann?

Man kann – natürlich – das Konzept bloß einer Wahrheit, bloß einer Vernunft, bloß eines Gottes preisgeben und sich einem Beliebigkeits-Polytheismus bzw. Beliebigkeits-Pluralismus hingeben. Aber man sollte zuvor doch noch genauer überlegen, was der Preis dafür ist.

Monotheismus als Voraussetzung der Freiheit

Die Missions- und Religionsgeschichte ist voll von Beispielen dafür, dass die Ausbreitung des Monotheismus und die damit einhergehende Vertreibung des Polytheismus eine Freiheitsgeschichte ist: eine Geschichte der Befreiung von Angst vor allen möglichen Mächten und den vielen Göttern, die Anspruch auf Verehrung und Anspruch auf mein Leben, Anspruch auf meine Hingabe an sie erheben.

Polytheismus, etwa in seiner verbreitetsten Form als Animismus, bedeutet eine Welt voll von Göttern, Geistern und Tabus, eine Welt von Angst.[50]

Christlicher Glaube bringt mit seiner grundsätzlichen Bestimmung des Verhältnisses von Gott, Mensch und Welt eine neue theologische Grammatik in die Welt, die zu einer umfassenden Entmythologisierung der Welt führt und einen angstfreien, unbeschwerten Umgang mit dem bloß Geschöpflichen erst erschließt:

Gott und Welt sind streng zu unterscheiden. Nichts Geschöpfliches hat göttliche Qualität. Verehrung kommt nur Gott allein zu. So gesehen ist die Exklusivitätsformel nicht nur ein Eifersuchtssatz, sondern auch ein Verheißungssatz: „Wo ihr mich als euren einzigen Gott anbetet, wo gilt: ‚Ich bin der HERR, dein Gott' – da wird es keine anderen Götter mehr geben, denen ihr Loyalität schuldet, denen ihr verpflichtet seid, vor denen ihr Angst haben müsstet. Da gibt es nichts mehr im Himmel und auf Erden, was euch binden, versklaven, bedrohlich werden könnte. Da gilt: Ihr habt keine anderen Götter neben mir!"

Der Mensch, nicht nur in der Antike, begegnet den Göttern und spirituellen Gewalten, da, wo er wirklich auf sie trifft, ja nicht im Modus postmoderner Wahl. Sie sind ja nicht – wie Marquard, Walser und auch Assmann unterstellen – Gegenstand einer beliebigen, individuellen Option. Die Religions- und die Kulturgeschichte zeigt etwas ganz anderes. Der Mensch verliert in der Begegnung mit den vielen Göttern und im Netz ihrer differenzierten Beziehungen seine Freiheit, er gewinnt sie nicht. Unsere modernen Götter, die als Mächte absolute Geltung beanspruchen, unsere ganze Loyalität fordern und uns versklaven, heißen nicht mehr Baal oder Astarte und lauern auch nicht hinter jedem Baum; sie heißen Macht, Geld, Geltung, Schönheit.

Der Mensch steht der Welt vielmehr als jemand gegenüber, der offenbar dazu disponiert ist, sich Götter zu machen, sich hinzugeben. Martin Luther sagt: „Das, woran du nun dein Herz hängst, das ist dein Gott. Das Trachten und Sinnen des menschlichen Herzens machet beides: Gott und Abgott." Und Johannes Calvin kann pointiert formulieren: „Das menschliche Herz ist eine Götzenfabrik (*fabrica idolorum*)."[51] Nachdem die westliche Kultur über 200 Jahre versucht hat, das Menschengeschlecht zu einem Fortschritt im selbstständigen Vernunftgebrauch, in der Selbstbestimmung und Subjekt-Werdung zu erziehen, sind Fragen erlaubt, ob das polytheistisch-pluralistische Konzept den Menschen nicht vielfach überfordert. Ist der Mensch den Göttern gewachsen, den unterschiedlichsten geschöpflichen Größen, die sich ihm Macht und Geltung heischend nähern?

Ist der Mensch den Göttern gewachsen, den unterschiedlichsten geschöpflichen Größen, die sich ihm Macht und Geltung heischend nähern?

Oder umgekehrt gefragt: Liegt nicht die entscheidende Befreiung gerade darin, dass zwischen Gott einerseits und allem Geschöpflichen, auch allen Menschen zu unterscheiden ist? Damit sind wir bei der zweiten Verhältnisbestimmung christlichtheologischer Grammatik:

Da allein Gott Gott ist, kann *kein Mensch Gott* sein. Da allein Gott den Anspruch auf Verehrung, Anbetung, letzte Loyalität hat, kann es kein Geschöpf, vor allem keinen Menschen geben, der sich zu Gott machen dürf-

te und Anspruch auf göttliche Verehrung und die entsprechende Hingabe
hätte. Wie viel Elend wäre der Menschheit in den vergangenen dreihundert
Jahren Freiheitsgeschichte erspart geblieben, wenn sie diesem monotheistischen Befreiungssatz gefolgt wäre! Kein Napoleon, kein Hitler, kein Stalin,
kein Pol Pot, kein Mao, kein Saddam Hussein – von den kleineren Geistern und Verbrechern ganz zu schweigen! Und nun die dritte Verhältnisbestimmung der theologischen Grammatik von Gott, Mensch und Welt:

Der Mensch ist nicht der *Gott der Schöpfung.* Der Mensch steht vor Gott
für die Welt, die Mitgeschöpfe gerade. Der Mensch ist nicht Gott, aber er
steht vor Gott, der ihn zu seinem Verwalter eingesetzt hat. Der Mensch darf
über diese Welt „herrschen", wie das etwas anstößige Wort in Gen 1,26 sagt,
aber er ist durch seine Verantwortung vor Gott sogleich begrenzt.

„Die Erde ist des Herrn und ihre Fülle, die Welt und die darauf woh-
nen" (Ps 24,1). Diese Festellung bedeutet eine weitere wesentliche Unterscheidung, die einen letzten Vorbehalt markiert. Nichts und niemand auf
dieser Welt gehört sich selbst oder jemand anderem. Nichts und niemand
ist in eine absolute Verfügung eines anderen oder seiner selbst gestellt. Dem
modernen und vor allem dem postmodernen Menschen, der sich als etwas
Absolutes versteht und dazu neigt, alles nach seinem Gusto „zu interpretieren", sprich umzugestalten, begegnet hier eine Unterscheidung, die ihn
mahnt und – wenn er dieses leise Wort hört – innehalten lassen kann. Der
monotheistische Satz „die Erde ist des HERRN" – sie gehört dem einen
Herrn allein und keinem Menschen – ist dann sogar als Freiheitssatz für die
Schöpfung erkennbar und wartet darauf, dass Menschen ihn leben, dass sie
diese theologische Grammatik von Gott, Mensch und Welt realisieren und
der Welt heilvoll Gestalt geben.

Die Beziehung zu Gott bindet den Menschen ein, stellt aber auch das
Fundament dar, auf dem er sich frei zu dem verhalten kann, was Gott ihm
anvertraut hat und für das er verantwortlich ist.

„Wechselweise euer Götze oder euer Schlachtopfer":
Warum die Stelle des einen Gottes besetzt sein muss

Wo wir diese monotheistische Grammatik mit ihren Unterscheidungen und Beziehungen preisgeben, da verrutschen allzu leicht die Gewichte und verformen sich die Identitäten:

- Da wird der Mensch zu Gott oder besser: zum Götzen.
- Da werden die Mitgeschöpfe zum Schlachtopfer, das ich meiner Selbstverwirklichung – durch Umweltzerstörung und Ressourcenausbeutung – bringe.
- Da wird Geschöpfliches, Endliches, „Vorletztes" zum Götzen, an das ich mich – mich in meinem Menschsein deformierend – hingebe.

Johann Georg Hamann bringt die Sache auf den Punkt: Wo wir das Gott-Sein Gottes preisgeben, da werden wir einander wechselweise zum *Götzen* oder zum *Schlachtopfer*[52]. Da werden die einen zum Gott bzw. Götzen, denen die anderen ihr Leben als Opfer bringen müssen. Welche überaus treffende Beschreibung der furchtbaren Dialektik, die in der Weltgeschichte waltet, wo die Gottesfurcht verloren gegangen ist.

Im Stammeln dieses theologischen Einmaleins, im Durchdeklinieren dieser theologischen Grammatik hat die Evangelische Kirche in Deutschland wenigstens in Teilen die Kraft zum Widerstand gegen die Tyrannei des Gewaltherrschers Adolf Hitler und zur Abwehr seiner quasi-göttlichen Ansprüche auf Führung und Hingabe gefunden. So hält die Barmer Theologische Erklärung mit deutlichem Seitenblick auf die nationalsozialistische Herrschaft in Artikel 2 fest:

„Wie Jesus Christus Gottes Zuspruch der Vergebung aller unserer Sünden ist, so und mit gleichem Ernst ist er auch Gottes kräftiger Anspruch auf unser ganzes Leben; durch ihn erfährt uns frohe Befreiung aus den gottlosen Bindungen dieser Welt zu freiem, dankbarem Dienst an seinen Geschöpfen."

Gott hat Anspruch auf unser ganzes Leben. Gerade das befreit uns aus Bindungen an diese Welt und macht uns frei.

Gott hat Anspruch auf unser ganzes Leben. Gerade das befreit uns aus Bindungen an diese Welt und macht uns frei. Eher noch deutlicher spricht dies der Verwerfungssatz des 2. Artikels aus: „Wir verwerfen die falsche Lehre, als gebe es Bereiche unseres Lebens, in denen wir nicht Jesus Christus, sondern anderen Herren zu eigen wären, Bereiche, in denen wir nicht Rechtfertigung und Heiligung durch ihn bedürften."

Bezeichnend ist: Gerade das Herrsein und ausgerechnet die Totalität der Herrschaft Christi über unser Leben macht uns frei und bewahrt uns vor Bindungen, die uns versklaven müssten.

Die entscheidende theologische Voraussetzung, auf die wir in diesem Zusammenhang noch einmal zurückkommen müssen, ist freilich, dass Jesus (!) dieser Herr ist. Gerade weil zuzugestehen ist, dass es Formen monotheistischer Herrschaft gibt, angesichts derer gilt: „Rette sich, wer kann!" – selbst um den Preis eines die göttlichen Gewalten dann aber teilenden und insofern erträglicheren Polytheismus – gerade deshalb ist die Frage so wichtig, wer der eine Gott ist, mit dem wir es zu tun haben (vgl. Kap. IV).

Die ganz maßgeblich von Karl Barth formulierte Barmer Erklärung gibt eine sehr klare Antwort auf die Frage, warum die Herrschaft dieses einen Gottes nicht zum Davonlaufen, sondern begehrenswert, hilfreich und deshalb zu suchen und zu bejahen ist:

- Weil Jesus Christus „der Zuspruch der Vergebung unserer Sünden" ist, deshalb hat er auch Anspruch auf unser Leben. An sich ist das nicht gut, wenn jemand auf uns Ansprüche anmeldet. Aber der, der hier unser Leben beansprucht, der hat sich schon zuvor qualifiziert. Der hat sich bereits als jemand zu erkennen gegeben, der für uns ist, der uns guttut und uns beistehen will. Seine wohltuenden Ansprüche bewahren uns vor anderen, weniger guten Zugriffen auf unser Leben.

- Die Herrschaft dieses Gottes ist nicht zu fürchten, weil dieser Herr, nur dieser Herr, uns als Knecht begegnet, der gekommen ist, nicht um sich dienen zu lassen, sondern um zu dienen und sein Leben hinzugeben als Lösegeld für die vielen (Mk 10,45). Wer so herrscht, den wollen wir in unserem Leben gerne Herr sein lassen.

Die Unfähigkeit des „polytheistischen" Pluralismus zur Toleranz angesichts von echter Pluralität und echten Unterschieden

Assmann rühmt das antike Konzept der polytheistischen Übersetzbarkeit von einem Götternamen in den anderen, unter der Voraussetzung, dass der zugrunde liegende Gott derselbe ist.

Er räumt selbst ein, dass man „mit Bezug auf die Polytheismen der heidnischen Antike ... streng genommen gar nicht von ‚Toleranz' sprechen" könne, „weil hier die Kriterien der Unvereinbarkeit fehlen und es daher, was die Religion der anderen betrifft, gar nichts zu ‚dulden' gibt."[53]

Das Konzept der Übersetzung, wie es nach Assmann dem harmonischen Zusammenleben polytheistischer Religionen zugrunde liegt, funktioniert also

1. nur da, wo keine Toleranz nötig ist,
2. weil mir im anderen, in der anderen Religion, nicht etwas Fremdes, sondern das Eigene begegnet,
3. wo also letztlich Identität des Eigenen mit dem Fremden unterstellt wird.

Das bedeutet aber, dass hier kein Konzept vorliegt, das uns helfen kann, wenn wirklich konkurrierende Wahrheitsansprüche aufeinandertreffen, die nicht harmonisierbar sind. Wenn wirklich Toleranz vonnöten ist, weil die Geltungsansprüche inkompatibel, unvereinbar sind, lässt uns also der viel gerühmte Polytheismus bzw. Wahrheitspluralismus gerade im Stich.

Natürlich kann ich beliebig lange unterstellen: Letztlich glaubt der andere (an) dasselbe wie ich, wenn ich die Macht habe, dem anderen eine Identität zu unterstellen. Dieses Verfahren der Einheitsunterstellung („Wir glauben doch alle an denselben Gott/dieselben Götter! Hauptsache Religion, egal welche! Es kommt doch nicht darauf an, was man glaubt, sondern nur darauf, dass man glaubt ...") funktioniert so lange, wie der andere sich nicht wehren und eine eigene, differente religiöse, weltanschauliche Identität behaupten kann. Individu-

Wenn wirklich Toleranz vonnöten ist, weil die Geltungsansprüche inkompatibel sind, lässt uns der viel gerühmte Polytheismus und Wahrheitspluralismus gerade im Stich.

elle Freiheit ermöglichen solche Strategien gerade nicht. Notwendig wären gerade Konzepte, die nicht nur eine Pseudopluralität mit unterstellter Identität erlauben, sondern eine echte Vielfalt von Religionen und Positionen, die eigenständig sind und eigenständig sein dürfen.

Der Polytheismus als religiöse Interpretation des postmodernen Wahrheitspluralismus hilft uns im Hinblick auf die Frage nach einer angemessenen Verhältnisbestimmung von Wahrheit und Toleranz also nicht weiter. Er lebt davon, dass sich – siehe Marquard – die religiösen Geltungsansprüche gegenseitig relativieren und in Schach halten und also gerade nicht artikuliert werden dürfen und zur Geltung kommen können. Wie gehen aber Polytheisten und Pluralisten mit echten monotheistischen Geltungsansprüchen um, die universal, absolut und exklusiv sind? Bleibt hier nur die Intoleranz der Toleranten? Auf diese Fragen bleibt das Konzept des „polytheistischen" Pluralismus die Antwort schuldig.

III. Glauben an den einen Gott, der sich in Christus offenbart

Wir haben uns nun also mit der Frage nach der *einen* Wahrheit und der Frage nach dem *einen* Gott beschäftigt. Gehen wir einmal davon aus, dass wir am Konzept des Monotheismus und des Wahrheitsmonismus festhalten wollen, dann müssen wir uns natürlich die Frage gefallen lassen, wie es konkret mit der christlichen Relgion bzw. der jüdisch-christlichen Tradition aussieht. Offenbart sich hier nicht ein Gott, der gewalttätig ist und zu Gewalt auffordert? Hier stehen wir mit der christlichen Überzeugung von der tiefsten Offenbarung Gottes ausgerechnet im Foltertod Jesu am Kreuz in der Mitte der Frage nach „Gott und Gewalt" und vor der wohl größten Herausforderung. Darüber wollen wir im folgenden Kapitel nachdenken, bevor wir uns dann in Kap. IV mit der Frage beschäftigen, wie wir als Christen unsere absoluten, universalen und exklusiven Wahrheitsansprüche so artikulieren, dass sie nicht zu Konflikt und Gewalt führen.

1) Ist der Gott der Christen ein gewalttätiger Gott?

Gott – „trunken von Blut": Leitet die Bibel zu Gewalt an?

Religion ist Nächstenliebe, Diakonie; Religion ist gewaltlos und sie ist eine Privatsache – wir haben bereits in Kap. II,5 diese Vorgabe betrachtet, nach der echte Religion in unserer aufgeklärten, liberalen Gesellschaft zu leben ist. Es ist von daher kein Wunder, dass eine Streitschrift des Freiburger Professors für Psychologie Franz Buggle[54] so gut wie ohne Echo von kirchlicher, speziell theologischer Seite geblieben ist – Buggle spricht in der zweiten Auflage seines Buches sogar von einer „Strategie des Totschweigens" vor allem in den beiden großen Kirchen.[55] Das Besondere an seiner Monografie, „Denn sie wissen nicht, was sie glauben. Oder warum man redlicherweise nicht mehr Christ sein kann", besteht gerade darin, dass Buggle genau das tut, was Christen denen raten, die christlichen Glauben und den Gott der Bibel kennenlernen wollen: Er liest die Bibel gründlich, flächig, und er zitiert sie nahezu 200 Seiten lang im Detail.[56]

Das Ergebnis sieht freilich anders aus, als man landläufig erwartet. Dem Buch ist vorangestellt als Motto das Jahwe-Wort aus Dtn 32,42: „Meine Pfeile mache ich trunken von Blut, während mein Schwert sich ins Fleisch frisst – trunken vom Blut Erschlagener und Gefangener." Buggle kommt zu einem Schluss, dem sich ein Leser, der ihm über lange Passagen, in denen Bibelstelle an Bibelstelle gereiht wird, folgt, nur mit Mühe entziehen kann: „Die Bibel beinhaltet und propagiert an erschreckend zahlreichen Stellen und in ausgeprägter Weise eine Tendenz zu archaisch-grausamer Gewalttätigkeit, und zwar sowohl gegen Fremdgruppen, ‚Outgroups‘ (‚Feinde‘, Andersgläubige usw.), wie auch gegen von den je eigenen Glaubensvorstellungen und Verhaltensnormen abweichende Mitglieder der eigenen Gruppe."[57]

Franz Buggle: „Die Bibel beinhaltet und propagiert an erschreckend zahlreichen Stellen und in ausgeprägter Weise eine Tendenz zu archaisch-grausamer Gewalttätigkeit ... "

Wir werden uns der buggleschen Kampfschrift noch detaillierter zuwenden und auch noch näher auf Buggles Belege eingehen. Einstweilen sei nur notiert, dass diese – verglichen mit anderen ihrer Art – vergleichsweise fair und gemäßigt im Ton daherkommt und sichtbar auch um Differenzierungen und Zwischentöne bemüht ist.

Die eigentliche Pointe der Monografie Buggles wird man gegenüber anderen christentumskritischen Streitschriften darin sehen müssen, dass hier eine Unterscheidung unterlaufen wird, die als Argumentationsfigur zum gängigen Arsenal moderner Apologetik gehört: *„Christentum ist – natürlich – schlecht. Die Geschichte der Kirche ist – zugegebenermaßen – durchsetzt mit Gräueln von Intoleranz und Gewalt. Hier haben wir es ja überall nur mit Menschen zu tun. Aber die Bibel, Gottes Wort ist gut, ist ethisch vorbildlich. Wenn die Menschen sich nach dem Wort und Willen Gottes richten würden, wäre alles gut."* Wer Buggles Duktus folgt, wird gerade so nicht mehr argumentieren können: Die Bibel ist nicht nur in weiten Teilen ein „gewalttätiginhumanes Buch", sie ist „als Grundlage einer heute verantwortbaren Ethik ungeeignet."

Wer dem bluttrunkenen Gott folgt, und sei es in gerechtem Zorn, der ist gerade nicht gut beraten. Die Bibel ist gerade nicht der ideale Bezugsrahmen, dem gegenüber Christen und Kirchen abfallen. Schwierig, problematisch, ja gefährlich ist vielmehr laut Buggle die Amalgamierung, die Verschmelzung von Gewalt mit Liebe, auf die wir im biblischen Gottesbild treffen und die – so Buggles These – wirkungsgeschichtlich höchst verhängnisvoll gewirkt hat: „Diese Legierung von Liebe und Gewalttätigkeit, Strafsucht, hat sich in der Geschichte der biblischen Religionen, insbesondere der verschiedensten Ausprägungen des Christentums, nicht nur als typisch, sondern als extrem gefährlich und folgenreich erwiesen. Hier u. a. dürfte ein Grund zu suchen sein, warum jedem psychologisch nur durchschnittlich Sensiblen die ‚Liebeshaltung‘ vieler Fundamentalisten aller Schattierungen, die die Heilige Schrift im doppelten Sinne sehr ernst und beim Wort nahmen und nehmen, oft so suspekt und aufgesetzt-unecht erscheint, warum gerade die orthodoxesten Bibelanhänger von den kreuzzugs- und raketenfreundlichen amerikanischen Fundamentalisten und ‚Evangelisten‘-Anhängern bis zu den strengen, bibelgläubigen jüdischen Orthodoxen in Jerusalem in ihren Äußerungen und, soweit sie die Macht haben, auch in ihren Handlungen häufig so gewalttätig-düstere, strafsüchtige Einstellungen vermitteln."[58]

Im Klartext: Die Legierung von Liebe und Gewalt im biblischen Gotteszeugnis wirkt gerade deshalb so verhängnisvoll, weil hier brutale Gewalt und nackte Machtausübung durch das Motiv der Liebe legitimiert scheinen und weil die Bibel gerade darin „Vorbild"-Charakter hat und handlungsleitend ist. Es ist nur zu erinnern an die Kreuzzüge, die Inquisition des – heute noch existierenden – Heiligen Officiums und seiner Organe, Hexenverfolgungen, Pogrome gegen Juden und andere „Andersgläubige".

In ähnlicher Weise hat sich Jan Assmann zur Problematik der Gewaltdarstellungen und der Aufforderungen zur Gewalt in der Bibel geäußert. Selbst wenn man davon ausgehen könne, dass die vielen furchtbaren Androhungen körperlicher Strafe kaum realisiert, auch die blutigen Eroberungsfeldzüge und Landnahmeakte eher fromme *Fiktion* seien, liege doch das eigentliche Problem dieser Passagen darin, dass sie eben normbildend-vorbildlich zu analogen Handlungsweisen in der Geschichte der Kirche angeleitet hätten.[59] Die Bibel berichtet nicht nur von Gewalt, sie leitet zur Gewalt an, verleitet zur Gewalt, bis hin zu apokalyptischen Szenerien, in denen sich Gott mit Gewalt und überlegener Macht gegen seine Feinde durchsetzt und alle, die sich ihm entgegenstellen bzw. ihm nicht gehorchen, mit schlimmster physischer Folter auf ewig sanktioniert.

Versuche der Reinigung, Domestizierung und Ausscheidung gewalttätiger Elemente christlichen Glaubens

Es wird vor diesem Hintergrund plausibler, warum wir zumindest in protestantischer Theologie und Kirche seit mehr als hundert Jahren einen Prozess der Domestizierung, Sachkritik und Ausscheidung von biblisch gegebenen Überzeugungen finden, der in neuerer Zeit auch vor der Mitte der neutestamentlichen Botschaft, dem Kreuz Jesu Christi, nicht haltmacht.

So versteht sich ja feministische Theologie in radikalen Varianten explizit als Kritik der Kreuzestheologie.[60] Der Kreuzestod Jesu kann und soll nicht gedacht werden als Mitte der christlichen Liebesreligion. Es ist nur einleuchtend, dass in diesem Umfeld die Heilsbedeutung des Todes Jesu, verstanden als Stellvertretung und Sühnopfer, von akademischen Theologen bis in kirchenleitende Kreise hinein verunklart, infrage gestellt oder explizit bestritten wird.[61] So äußerte kürzlich der Präses der Evangelischen Kirche im Rheinland, Nikolaus Schneider: „Ich halte nichts von Interpretationen des Kreuzestodes, die sich im Leiden suhlen."[62] Jesu Leiden wird dann gerne gesehen als ein Solidarisch-Werden mit dem Menschen und mancherlei anderes auch noch. Das ist es sicher auch, aber allen diesen Bestimmungen kommt eine Heilsbedeutung eben nicht zu.

Wer mit einleuchtenden Gründen das Kreuz Jesu als die unbestrittene Mitte des Neuen Testaments und der dogmatischen Tradition des Christentums infrage stellt, muss sich die Gegenfragen stellen lassen, was denn die Heilsbedeutung des christlichen Glaubens sein soll, wenn es das Kreuz Jesu Christi nicht sein darf, und wie und mit welchen Gründen denn der Anschluss an bisherige christliche Theologie und Identität behauptet werden darf, wenn man an deren Kernüberzeugungen nicht mehr anknüpfen möchte.

Gewalt, Folter, Mord in der Mitte neutestamentlicher Liebesreligion

Damit stehen wir in der Sache vor der eigentlichen Herausforderung: Problematisch ist nicht so sehr eine als blutig, grausam und gewalttätig, auch vor dem Leben unschuldiger Frauen und Kinder nicht haltmachende, sich ausdrücklich im Namen Gottes vollziehende Landnahme und Landverdrängung inklusive Bann. Problematisch sind weniger die harten körperlichen Strafen, die Kriege im Namen Jahwes usw. Vor allem problematisch ist der Akt unvorstellbarer Grausamkeit und systematischer Folter, den herkömmliche christliche Theologie als soteriologische Pointe christlichen Glaubens, als heilsnotwendig behauptet. Wenn es in dem von anthroposophischen Eltern erwirkten und die ganze Republik erregenden sog. Kruzifix-Urteil[63] als nicht zumutbar bezeichnet wird, dass junge Kinderseelen durch den permanenten Anblick eines Gefolterten deformiert werden, dann sei dahingestellt, ob nicht mit einer solchen Kritik des Kreuzes dieses mehr begriffen ist, als mit einer konservativen Rechtfertigung des Kreuzes als Inbegriff unserer abendländischen Kultur.

Ein unvorstellbar schrecklicher und hässlicher Gewaltakt macht die Mitte des Neuen Testamentes aus.

Nicht am Rande unseres Gottesglaubens, sondern in dessen Mitte erhebt sich die Frage nach dem Verhältnis von Gott und Gewalt. Ein unvorstellbar schrecklicher und hässlicher Gewaltakt macht die Mitte des Neuen Testamentes aus.

Wir können also die Frage nach dem Verhältnis von biblischem Gott und Gewalt nicht einfach dadurch lösen, dass wir uns von einem Teil dieses Gottes, genauer gesagt: von einem Teil der biblischen, speziell der alttestamentlichen Traditionen verabschieden, etwa dadurch, dass wir behaupten, der alttestamentliche Rache- und Gewaltgott einerseits und der Vater Jesu Christi andererseits seien nicht identisch, sondern zwei Gottheiten. In diesem Sinne hatte der altkirchliche Häretiker Marcion versucht, den christlichen Kanon zu säubern und ging damit an der entscheidenden Pointe des christlichen Glaubens vorbei.

Wie ist dann aber das Verhältnis zwischen dem biblischen Gott und Gewalt, gewalttätiger Machtausübung zu bestimmen? Wie ist das Verhältnis

zwischen Liebe und Macht zu bestimmen? Gibt es hier ein charakteris-
tisches Unterscheidungsmerkmal zu anderen Religionen?

Wenn die Radikaloperation einer Trennung von allen Gewaltanteilen
nicht hilft, sondern den Patienten vielmehr das Leben kostet, uns also das
im Kreuz Christi mitgeteilte Leben kosten würde, hilft dann die Überle-
gung einer möglichen *Veränderung dieses Gottes* weiter? Und ist eine solche
Veränderung Gottes überhaupt christlich denkbar; ist sie verantwortbar?
Wir wollen im Folgenden dieser möglichen Lösung kurz nachgehen und
zwei Lösungsansätze diskutieren und dann einen eigenen Lösungsvorschlag
unterbreiten.

2) Hat der Gott des Alten Testaments sich im Laufe der (Heils-)Geschichte verändert? – Zwei Lösungsansätze

Lösungsansatz eins: Gott entwickelt sich nicht

Die entsprechende Position lässt sich etwa so formulieren:

- Wir müssen alles ernst nehmen, was uns in der Bibel an Aussagen über
  Gott begegnet, auch die Aussagen über einen zornigen und mit Aus-
  übung brutaler Gewalt vorgehenden Gott. Denn die Bibel ist in ihrer
  Gänze Gottes Wort. Gott ist eben einfach so; er ist auch so, wie er uns in
  diesen Zusammenhängen begegnet.
- Diese Gewalt gehört zu Gott. Gott handelt gerecht, ganz gleich, wie er
  handelt.
- Gott hat sich nicht entwickelt. Er ist und bleibt derselbe und bleibt sich
  treu.
- Auch hinter seinem gewaltsamen Handeln steckt eine Absicht und eine
  Theo-Logik.

Die *Vorteile* dieses Ansatzes liegen auf der Hand:
- Er integriert auch die „harten" Bibelstellen, die für modernes Empfinden
  anstößig sind.

* Er stellt die Autorität der Bibel an keiner Stelle infrage und verzichtet auf jede Selektion, die in der Sache eine Form von Bibelkritik wäre.
* Wir stellen uns als Heutige nicht über die Texte und urteilen von einem angemaßten Standpunkt darüber, wie Gott zu sein hat, wie er sich womöglich entwickeln müsste, damit wir ihn akzeptieren können und er für unser ästhetisches Empfinden tragbar wird.

Die *Nachteile* einer solchen Position:
* Aus ihr resultiert eine elementare Verunsicherung im Gottesbild. Was ist das für ein Gott, der sich uns in Jesus Christus als der zeigt, der nur Liebe ist, und der gleichzeitig und genauso der ist, der heilige Kriege befiehlt, ja, sie selbst führt (vgl. nur Ex 33,2; Num 24,8; Dtn 3,22; 7,1; 9,1-3; 31,2-5),

> *Was ist das für ein Gott, der sich uns in Jesus Christus als der zeigt, der nur Liebe ist und der gleichzeitig und genauso der ist, der heilige Kriege befiehlt?*

* der „ausdrücklich den Genozid, das heißt die mitleidlose Hinschlachtung von Kindern, Frauen, Greisen, Männern"[64] fordert: Gott wird die Völker an Israel dahingeben, und das Volk Israel soll sie schlagen und „unbedingt den Bann an ihnen vollstrecken", will sagen: die Totalvernichtung an ihnen vollziehen (Dtn 7,2). Vernichtung ist das Ziel der Landnahme (Dtn 7,23; 20,10-17 u. ö.). Die Bewohner von heidnischen Städten, die nicht zum vorgesehenen heiligen Land gehören, dürfen bei friedlicher Unterwerfung versklavt werden, bei Widerstand soll ihre männliche Bevölkerung mit scharfem Schwert erschlagen werden. Aber von den Bewohnern der Städte, die Israel „als Erbbesitz" gegeben sind, „sollst du nichts leben lassen, was Odem hat". Vernichtung aller Menschen ist hier göttliche Verpflichtung (vgl. Dtn 20,17).[65] Alle die Konzeptionen, die mit Martin Luther im Hinblick auf die Vorsehungslehre an einem *deus revelatus* (einem offenbaren Gott, also dem Gott, der uns sein wahres Wesen zeigt) und an einem *deus absconditus* (einem verborgenen Gott, den wir nicht verstehen können) festhalten möchten, haben einen großen Nachteil: Sie lassen uns hier im Unklaren darüber, wie man denn mit Gott dran ist, womit man bei ihm zu rechnen hat.
* Eine solche Position ist verbunden mit einer fundamentalen Verdun-

kelung des Gottes, der sich uns in Jesus Christus in Person vorgestellt hat – als unbedingte Barmherzigkeit und als grenzenüberschreitende, auch den Sünder miteinbeziehende Liebe. Von diesem Gott heißt es: Er ist Licht und keine Finsternis ist in ihm (1Joh 1,5, vgl. auch Jak 1,17: Gott ist Vater der Lichter). Das ist geradezu die eine, zentrale „Botschaft" (*he aggelia*), die die Christen an die Welt auszurichten haben (1Joh 1,4). Wird man die Botschaft des Gottes, der das Licht dieser Welt sein will, nicht entscheidend verdunkeln, wenn man ihn gleichzeitig als den sieht, der bluttrunken ist in seinem Zorn und der explizit zur mitleidlosen Vernichtung unschuldiger Frauen und Kinder aufruft? (Dtn 7,16: die menschliche Regung, Tränen zu vergießen über deren Leid, wird ausdrücklich untersagt!) Es wirkt für heutiges Empfinden geradezu zynisch, wenn der heilige Gott dazu auffordert, in besonderen Fällen Zurückhaltung in bestimmten Landstrichen zu üben, für die Folgendes gilt: „Du kannst sie nicht auf einmal vertilgen, damit sich nicht die wilden Tiere wider dich vermehren." (Dtn 7,22) Also: Die Menschen werden noch etwas verschont, weil sonst die wilden Tiere überhandnehmen!

• Hermeneutisch ist die markierte Position nur scheinbar überlegen und hilfreich. In Wahrheit wird hier ja ein Verständnis der Heiligen Schrift vorausgesetzt, das die Autorität der Bibel nicht material, sondern rein formal begründet, das also nicht in Jesus Christus die alles bestimmende Mitte sieht, von der her alles andere zu verstehen ist (Martin Luthers „was Christum treibet"). Eine solche Sichtweise kann die heils- bzw. unheilsgeschichtlichen Linien in der Bibel nicht zu einem roten Faden verbinden, der nur ein Ziel hat: die Offenbarung des lebendigen Gottes in diesem Jesus aus Nazareth. Vielmehr treffen wir auf eine Hermeneutik, die die Bibel nivelliert und der alles gleich viel gilt: Jesu Wort am Kreuz, „Es ist vollbracht" (Joh 19,30), und die Bitte des Paulus an Timotheus, ihm doch den Mantel mitzubringen, den er in Troas liegen gelassen hat (2Tim 4,13); die Aufforderung, alle männlichen Kinder und alle Frauen, die schon mit einem Mann geschlafen haben (Num 31,17), umzubringen, und die Offenbarung Jesu: „Denn Gott hat seinen Sohn nicht in die Welt gesandt, dass er die Welt richte, sondern dass die Welt durch ihn errettet werde." (Joh 3,17) In der Sache ist zu fragen, ob die Autorität der Bibel und noch mehr das Ansehen des biblischen Gottes nicht gerade dadurch geschwächt wird, dass der Gott des Zornes und der Gewalt gleichberechtigt neben den Gott der Liebe tritt. Wer von der Unveränderbarkeit Gottes ausgeht und diese als Prinzip der Gotteslehre festschreibt, muss sich fragen lassen, welche Überzeugungen ihn hier leiten. Biblische Theologie kann das kaum sein. Biblische Traditionen sprechen nicht nur an einer Stelle, sondern an vielen, nicht nur in Fragen untergeordneter Bedeutung, sondern an Scheitelpunkten der Heilsgeschichte, von der Reue Gottes.[66] Es reut Gott, dass er den Menschen gemacht hat, „bis in sein Herz hinein" (Gen 6,6f.), bis dahin, dass er die Schöpfung nicht ganz, aber fast rückgängig macht, indem er die Chaosfluten wieder zurückkommen lässt. Es reut Jahwe, dass er Saul zum ersten König Israels gemacht hat (1Sam 15,11.35), bis dahin, dass er dessen Erwählung zurücknimmt; es reut den Herrn, dass er so furchtbares Elend über Israel hat kommen lassen – 70000 müssen sterben wegen der von David veranlassten Volkszählung (2Sam 24,16), und auch nach dem 1. Chronik-Buch gebietet der Herr dem Vernichtungsengel Einhalt, weil er Mitleid hat und es ihn des Übels gereut, das dieser über Israel gebracht hat. Da waren allerdings schon 70000 Menschen an der Pest gestorben. Es reut Gott, dass er sein Volk in die Gefangenschaft des Exils hat führen lassen, es reut ihn wegen der „Fülle seiner Gnade" (Ps 106,45), weil er das Elend der Menschen sieht und sich an seinen Bund erinnert. Es reut Jahwe „das Unglück, das ich euch angetan habe" (Jer 42,10). Wenn von Reue die Rede ist und wenn Worte Sinn haben sollen, dann wird hier der Sache nach behauptet: Gott bedauert vorheriges Handeln; es tut ihm leid, dass er sich in der Vergangenheit in einer bestimmten Weise verhalten hat. Zum semantischen Umfeld und zur logischen Struktur von Reue gehört freilich auch, was diesen Begriff für jede religionsphilosophische Gotteslehre zum Anstoß und Problem werden lässt: Gott hat das, was passiert, nicht vorhergesehen; er hat die Konsequenzen seines Tuns nicht überblickt. Und auch: Gott reagiert. Er lernt. Er zieht Konsequenzen aus Erfahrungen.

Wenn von Reue die Rede ist und wenn Worte Sinn haben sollen, dann wird hier der Sache nach behauptet: Gott bedauert vorheriges Handeln; es tut ihm leid, dass er sich in der Vergangenheit in einer bestimmten Weise verhalten hat.

Eine solche Semantik von Gott steht in elementarem Gegensatz zu den
Grundüberzeugungen abendländisch-griechischer Religionsphilosophie,
wie sie etwa und vor allem von Aristoteles in seiner „Metaphysik" formuliert worden ist. Im XII. Buch („Lambda")[67] dieses mehrteiligen Werkes
leitet Aristoteles in einer der wichtigsten und wirkungsträchtigsten Refle-
xionen der abendländischen Geistesgeschichte ab, dass und warum Gott
ein „unbewegter Beweger" (*akinetos kinoun*) ist.[68] In einer Argumenta-
tion, die durch ihre Rezeption in den Fünf Wegen des kosmologischen
Gottesbeweises von Thomas von Aquin[69] unmittelbar in die christliche
Theologie Einzug hält, bringt Aristoteles auf einen abstrakten philosophischen Begriff, was Grundsatz antiker Religionsphilosophie ist und seinen Niederschlag auch im sozialen Leben findet: Das Göttliche bewegt
sich nicht, es sitzt, genauer: Es thront unbeweglich. Seine Unbeweglichkeit und Unveränderbarkeit ist Ausdruck und Teil seiner Würde und
Herrlichkeit. Es kann nicht bewegt werden, denn das würde ja bedeuten,
dass etwas anderes Einfluss auf es hätte. In diesem Sinne räumlich oder
gar emotional bewegt zu werden, würde aber der göttlichen Ehre und Autorität abträglich sein. Ergebnis ist das antike *Apathieaxiom*, das besagt,
dass Gott, eben weil er Gott ist, keine Veränderung zeigt, nicht bewegt
werden kann, als Einziges in der Welt mit sich selbst ewig identisch ist.
Die christliche Theologie führt von Beginn an einen Kampf gegen dieses
Apathieaxiom, von den altkirchlichen Doketen an, die einen Menschen
an Jesu Stelle sterben ließen, weil der Sohn Gottes nicht leiden, schon gar
nicht sterben kann (Sterben ist ja die stärkste Veränderung, die sich überhaupt vorstellen lässt), bis hin zu modernen theologischen Entwürfen wie
denen von Karl Barth[70], die die absolute Subjektivität Gottes behaupten
und kategorisch bestreiten, dass Gott in der Heilsgeschichte jemals *re*agiert
hätte, sondern annehmen, dass er immer „Herr des Verfahrens" gewesen
sei und dass die gesamte Geschichte Gottes mit den Menschen nach einem
zuvor bereits gefassten Plan abgelaufen sei, wie ein Theaterstück, das einem
festen, festgelegten Text und Spielplan folgt.

- Wer einem solchen Axiom der Unbeweglichkeit, sprich: Unveränderbarkeit Gottes, folgt, muss sich fragen lassen,
  1. wie er mit dem Kernstück des christlichen Gottesglaubens zurecht-
     kommt, das beinhaltet: Gott hält seine Herrlichkeit nicht wie ein
     mühsam errungenes Beutestück fest; er setzt sich in Bewegung, er gibt

seine göttliche Position auf, er entleert sich selbst, er verändert sich, indem er die Gestalt eines Menschen annimmt, ja „Fleisch" (*sarx*) wird (vgl. Joh 1,14; Gal 4,4; Phil 2,6ff.), und er tut das alles aus Liebe. Die Liebe treibt ihn, und der Verfasser des Hebräerbriefes untersteht sich zu formulieren: Jesus lernt durch das Leiden, er wird (!) ein barmherziger Hoherpriester (2,17f.; 4,14f.), lernt Barmherzigkeit, wird „vollkommen" (2,10), indem er teilnimmt an unseren menschlichen Lebensbedingungen (5,7f.), eintaucht selbst in die letzte Tiefe menschlicher Versuchungen (Hebr 4,14f.).

2. wie er den Tod Gottes am Kreuz denken bzw. aussagen will,

3. wie es denkbar sein soll, dass Menschen leben in einem personalen Gegenüber zu Gott und dass ihr Elend und ihre Bitte ihn erreichen und beeinflussen.

• Schließlich wäre als erheblicher Nachteil dieser Position noch zu nennen, dass die Frage bleibt, ob nicht die Verquickung von Zuwendung und Machtausübung, Liebe und Gewalt, Barmherzigkeit und Zorn immer wieder nachbildendes, nacheiferndes Handeln von Menschen in der Geschichte der Kirchen legitimiert hat. Kann man sich der Evidenz der Feststellung Buggles entziehen, es sei angesichts der Gewalttexte im Alten Testament, angesichts der im Namen Jahwes geführten Heiligen Kriege, angesichts der im Namen der Gerechtigkeit und Heiligkeit geforderten Vernichtung anders Lebender und Denkender schon „deutlich …, welchem biblischen Geist das christliche Kreuzzugsdenken (z.B. der Aufruf Papst Urbans II. zum Kreuzzug: ‚Der Herr ist es, der euch ruft!') und das ‚Gott mit uns' so vieler christlicher Heere bis in neueste Zeit entstammt"[71]?

Ziehen wir aus den Vor- und Nachteilen dieser Position ein Resümee, dann spricht biblisch-theologisch und biblisch-hermeneutisch sehr viel dafür,

• sich nicht an einen formalen Begriff der Autorität der Bibel auszuliefern, der letztlich philosophisch, rationalistisch bestimmt ist und in falscher Abstraktheit von der inhaltlichen Mitte des biblisch bezeugten Handelns Gottes absieht,

• sich nicht an ein letztlich heidnisch bestimmtes Axiom von der Unwandelbarkeit Gottes auszuliefern, das den Zugang zu Gott als Liebe, der durch seine Liebe zu uns bewegt ist, versperrt und damit die Mitte des christlichen Glaubens zuschließt,

- sich nicht auf eine Verdunkelung der Offenbarung Gottes in Jesus Christus einzulassen und dem biblischen Gott ein Doppelgesicht nach hinduistischem Muster zu geben, so wie Vishnu, der zugleich „Schöpfer, Schützer und Zerstörer allen Seins" ist, so wie Shiva, der als ständiger Zerstörer und Neuschöpfer in Erscheinung tritt.[72]
- Ein Vor-Urteil von dem, wie Gott unserer Meinung nach zu sein hat, darf nicht zu einer Selektion der biblischen Aussagen und einer entsprechend eng geführten Dogmatik führen. Das gilt nicht nur hinsichtlich der Vorstellung von Gott als dem unbewegten Beweger, das den Zugang zum Kern christlicher Gotteslehre, zur Herablassung und Selbstentäußerung Christi, verriegelt. Es darf aber auch umgekehrt nicht von einem Vor-Urteil Gottes als Liebe von vornherein der Zugang zu den Texten der Bibel versperrt werden, die sich nicht in das Prokrustesbett einer vorgegebenen Vorstellung Gottes als eines friedensbewegten Softies integrieren lassen.

Lösungsansatz zwei: Gott verändert sich

Die entsprechende Position lässt sich etwa so formulieren:
- Gott verändert sich, aber nicht so, dass er sich selbst untreu würde. Er verändert sich, um seine Identität zu bewahren, um sich gleich zu bleiben.
- Gott ist nicht der unbewegte Beweger, sondern das höchst engagierte, bewegte, lernfähige Gegenüber des Menschen. Er lernt aus der Geschichte mit dem Menschen, reagiert auf seine Erfahrungen mit den Menschen und probiert Neues, anderes, um mit den Menschen zu seinem Ziel zu kommen.
- Da er den Menschen als freies Gegenüber, als sein „Ebenbild" geschaffen hat, hat er die absolute Regie über die Welt und ihre Geschichte aus der Hand gegeben. Indem er den Menschen sich selbst ähnlich geschaffen hat, hat er ihm Raum neben sich eingeräumt und dabei notwendig seine eigene All-Macht eingeschränkt. Genau dieser durch die Schöpfung des Menschen aufgespannte Raum ist Feld der Entwicklung und Veränderung Gottes.

- Im Gegenüber zum Menschen greift Gott in seine eigene Geschichte ein, indem er aufgrund eines innertrinitarischen Ratschlusses den Sohn in diese geschöpfliche Wirklichkeit hinein sendet und ihn Mensch werden lässt. Gott erfährt dabei selber eine Veränderung seiner personalen Wirklichkeit, die in Ewigkeit bleiben wird, weil sie sich am Herrlichkeitsleib Christi zeigt. Die Menschwerdung und Passion, schließlich der Tod am Kreuz und das Durchbohrtwerden durch eine konkrete römische Kriegslanze hinterlassen unauslöschliche Spuren am Leib des Sohnes. So lässt der Herr den „schwergläubigen Thomas" die Nägelmale und die Narbe an seiner Seite spüren; so erscheint der Herr dem Seher Johannes und den Seinen in Ewigkeit als „Lamm wie geschlachtet" (Offb 5,6.8).

Die *Vorteile* dieser Position liegen auf der Hand:
- Gottes Offenbarung in Jesus Christus als unbedingte Zuwendung zu den Verlorenen, als uneingeschränkte Liebe, als bedingungslose Barmherzigkeit wird nicht mehr verdunkelt. Gott ist – definitiv – der, als der er sich uns in Jesus Christus zeigt. Das wollen wir glauben, darauf wollen wir uns verlassen im Leben wie im Sterben.
- Gott ist eindeutig. Präziser: Er *wird* eindeutig in Jesus. Er ist eben *nicht mehr* beides: Irgendwie barmherzig, aber eben auch über die Maßen grausam, irgendwie Liebe, aber eben auch verzehrend in seinem Zorn. Er ist nur so, wie er sich uns in Jesus zeigt.
- Das alt- und neutestamentlich vielfältig abgebildete Gegenüber, Miteinander und Widereinander von Gott und Mensch(en) ist nicht eine Farce, ein weltgeschichtliches Theater, das nach einem festgelegten Text gespielt wird, sondern eine offene Geschichte, die in ihrem Ablauf nicht feststeht, bei freien Partnern nicht feststehen kann und deren Verlauf Chancen der Veränderung beinhaltet.
- Die alttestamentlichen Traditionen von heiligem Bann und heiligen Kriegen müssen nicht durchgestrichen und als unchristlich eliminiert werden, aber sie sind nicht mehr maßgeblich.

Diese Position besitzt aber auch *Nachteile*, führt mindestens zu *Fragen*, die noch nicht beantwortet sind:
- Es bleibt offen, wie die schwierigen Traditionen im AT theologisch zu werten und ins Verhältnis zur Christusoffenbarung zu setzen sind.

- Es bleibt offen, ob es sich um eine Änderung in Gott selbst handelt, ob er nur sein Verhalten ändert oder ob sich nur unsere Wahrnehmung von Gott ändert und nicht Gott selbst.

- Bedeutet die Zurücksetzung der Traditionen heiliger Jahwe-Kriege, des grausamen und blutigen Bann-Vollzugs, gewalttätiger Gesetzesregelungen etc. nicht doch, dass ein bereits – vor der Wahrnehmung der biblischen Zusammenhänge in ihrer Gänze – feststehendes Gottesbild normativ wird und zur Selektion, mindestens zur Abwertung eines ganzen biblischen Traditionsstranges führt?

- Bedeutet diese Entscheidung für eine Entwicklung weg von dem Gott der Landnahme hin zu dem Vater Jesu Christi nicht auch eine theologische Sachkritik und – erkenntnistheoretisch – die Voraussetzung eines Gottesstandpunktes, von dem aus Menschen souverän urteilen, was an den begegnenden Traditionen akzeptabel und tolerabel ist und was nicht?

- Ist das Ausgangsproblem des Verhältnisses von Gott und Gewalt wirklich schon dadurch gelöst, dass man sich von bestimmten brachialen Passagen und Zügen des Alten Testamentes verabschiedet? Es bleibt ja zum einen die Frage nach dem gewaltsamen Tod Jesu, der als solcher Heilsbedeutung haben soll, und zum anderen die Frage, wie wir uns etwa zu den apokalyptischen Erwartungen verhalten sollen, die allem Anschein nach ja ein gewaltsames Vorgehen Gottes am Ende der Geschichte, für den Tag Jahwes ankündigen.

Damit sind die Fragen formuliert, die ein Ansatz beantworten muss, der einerseits an der Einheit der Bibel festhalten möchte, andererseits Jesus Christus als den Ort begreift, an dem sich der lebendige, wahre Gott offenbart, wie er ist.

3) Lösungsansatz drei: „Nichts wissen außer Christus – und ihn als gekreuzigt"

Es empfiehlt sich bei theologischen Fragen, bei solchen mit dem vorliegenden Gewicht und Schwierigkeitsgrad ohnehin, von Christus, von der Mitte, von dem Höhe- bzw. Tiefpunkt der Offenbarung des Gottes auszugehen, von dem wir handeln. Wir folgen damit dem apostolischen Vorbild, „nichts zu wissen als Christus und ihn (jetzt folgt noch einmal eine Zuspitzung) als gekreuzigt" (1Kor 2,2). Der gekreuzigte Christus in seiner ganzen Anstößigkeit und Widerständigkeit – für ein heutiges modernes wie für ein antikes ästhetisches und religiöses wie für ein religionsphilosophisches Empfinden (Vgl. 1Kor 1,18-25!) – ist das Kriterium, das uns zur Unterscheidung und zur Wegweisung hilft.

Mit dieser kreuzestheologischen Ausrichtung ist auch schon eine der eben aufgeworfenen Fragen beantwortet:

Das Kreuz Jesu als materialer Ausgangspunkt und Kriterium

Wenn wir die Aussage wagen, dass Gott sich verändert hat, wenn wir Landnahme und Fußwaschung nicht in derselben Weise für Offenbarungen Gottes halten, wenn wir Gott als den bestimmen, der seinen Willen nicht mit brachialer Gewalt und im Zorn seiner Heiligkeit durchsetzt, sondern durch die Vollmacht, in der Weise der bittenden Liebe, dann ist nicht ein religionsphilosophischer, abstrakt an die Texte herangetragener Begriff Gottes leitend, sondern genau der Blick in die Mitte der biblischen Offenbarung und die durchgehende Überzeugung der neutestamentlichen Schriften: Ausgerechnet am Kreuz, inklusive der vorangehenden Herablassung, Menschwerdung und Passion Christi, offenbart sich nicht ein grausamer, rachsüchtiger, gewalttätiger Gott; am Kreuz offenbart sich vielmehr die hymnisch zu besingende Liebe Gottes zu dem, was verloren ist (vgl. Phil 2,5ff.).

Dementsprechend bedeutet eine Zurücksetzung alttestamentlich-biblischer Traditionen keine Sachkritik, die von einem der biblischen Offenbarung externen Standpunkt an sie herangetragen wird. Vielmehr bildet genau der in der Mitte der Bibel zu findende Anspruch, in diesem Jesus aus Nazareth zeige Gott letztgültig und definitiv, wer er wirklich ist, die Basis, von der her die verschiedenen anderen Traditionen der Bibel in den Blick genommen und bewertet werden. Wer anders verführe, wer das Bann-Gebot über kanaanäische Frauen und Kinder und die Fußwaschung auf einer Ebene sähe, würde nicht etwa auf Bibelkritik und Sachkritik verzichten, sondern der Ehre des Gottes Abtrag tun, der alles, aber auch alles darangesetzt hat, um sich eindeutig zu machen, sich in Person vorzustellen: „Wer mich sieht, sieht den Vater", und in Jesus zu zeigen, wer er ist. Genau diese Offenbarung und Selbstdefinition Gottes war und ist dringend geboten. Sie war dran.

Genau der in der Mitte der Bibel zu findende Anspruch Jesu bildet die Basis, von der her die verschiedenen anderen Traditionen der Bibel in den Blick genommen und bewertet werden.

Das schließt nicht aus, sondern bedeutet vielmehr, dass auch von den Traditionen, die Gott nicht in seiner ganzen Fülle, in seinem wahren Wesen abbilden, ein Licht auf das fällt, was Gott in Jesus tut. Genau das wird zu zeigen sein. Gott hat sich zwar verändert, aber es ist doch derselbe Gott, der uns im Banngebot und am Kreuz Christi begegnet.

Die Heiligkeit Gottes

Das Kreuz muss materialer Ausgangspunkt und entscheidendes Kriterium unserer Bewertung aller biblischen Traditionen sein. Es wird selbst aber erst verständlich, wenn die für modernes und postmodernes Bewusstsein zunächst sehr anstößige Perspektive auf die Heiligkeit Gottes gewonnen ist. Eine Perspektive, die so lange anstößig bleibt, bis verstanden ist, dass genau diese Heiligkeit (die sich als „Zorn" äußern kann) die logische Kehrseite der Liebe Gottes und das heißt konkret: seiner Liebe zum Leben ist. Diese Heiligkeit ist ja in der Sache nichts anderes als radikale Förderung des Lebens und radikale Ablehnung alles dessen, was das Leben nicht ermöglicht und fördert, sondern bedroht und vernichtet. Es kann aber keine schlimmere

Bedrohung des Lebens geben als die Bedrohung des Gottesdienstes, der den Menschen mit Gott als Quelle des Lebens verbindet. Die im Baal- und Astarte-Kult stattfindende Erotisierung, schärfer noch: Geilisierung der Sphäre der Heiligkeit selbst ist der größte anzunehmende Unfall in der spirituellen Wirklichkeit. Wenn Gott selbst, das Heilige, mit überdimensioniertem Penis, einer übergroßen Vulva und ebensolchen Brüsten dargestellt und repräsentiert wird, dann wird die Triebhaftigkeit und Geilheit des Menschen Teil seiner Gottesbeziehung. Dadurch wird diese pervertiert, untauglich, schlimmer noch: Durch die Astartisierung und Baalisierung des Göttlichen liefert der Mensch sich an solche Götter aus, verehrt sie und lässt sie sein Leben bestimmen. Es leuchtet unter diesen Voraussetzungen völlig ein, dass gerade das Volk Israel, als ein ausgewähltes Instrument der Erlösung, vor solch einer Fehlleitung seines Gottesverhältnisses um jeden Preis bewahrt werden musste. Dies ist der in Dtn 7; 22 und anderswo ständig herangezogene, von Buggle übersehene, jedenfalls ausgeblendete Begründungszusammenhang.

Eine moralische Bewertung dieser Schilderungen und Anweisungen darf den geschichtlichen Graben und die kulturelle Differenz zwischen heutigen durch moderne Standards von Humanität geprägten Anschauungen und altorientalischer Lebens- und Wertewelt nicht einfach überspringen und naiv die Möglichkeit eines problemlosen Verstehenszugangs unterstellen. Es ist schlicht unhistorisch und hermeneutisch unverantwortlich, unsere modernen Überzeugungen von Humanität unreflektiert an diese Texte heranzutragen.

In dem Schicksal Jesu nimmt der Gott des Lebens unseren Tod auf sich

In dem überaus gewalttätigen, furchtbaren und blutigen Geschehen der Kreuzigung Jesu nimmt der heilige Gott des Lebens nun selbst auf sich, was unsere Sache, unsere Schuld, unser Schicksal ist.

Wer fragt: Warum muss Errettung und Erlösung so furchtbar sein? Warum muss sie den Tod Jesu mit einschließen? Hätte Gott nicht einfach so vergeben können? – Dem ist mit dem berühmten *nondum considerasti* („Du hast nicht bedacht …") des Anselm von Canterbury zu antworten: *Du hast noch nicht begriffen, du hast noch nicht verstanden, du hast noch nicht realisiert, wie schwer die Sünde wiegt.*[73] Bei all den Einwänden, die man gegen Anselms an germanischen Ehrvorstellungen orientierter Satisfaktionslehre (Lehre von der göttlichen Genugtuung) erheben kann, wird doch in jedem Fall bei Anselm eines sehr klar:[74] Sünde ist nicht nur, nicht einmal in erster Linie, ein moralischer Fehltritt, den man wegwischen könnte. Bei der Sünde geht es vor allem um das grundlegende Wesen, die Existenz des Menschen: Sünde, Böses, zerstört die Lebensgrundlagen.[75] Böses entsteht, wo die Beziehungen vernichtet werden, aus denen Leben besteht und in denen sich Leben vollzieht. Es ist eine alle Kulturen und viele Religionen verbindende und nicht nur biblische weisheitliche Welterfahrung, dass dieses Böse als Fluch der Sünde irgendwann auf den Täter zurückfällt, dass es ihn einholt. Paulus spricht nicht von Moral, sondern von der Existenz des Menschen, wenn er in Röm 6,23 formuliert: Der Sold der Sünde, das logische, sichere Endergebnis der Sünde, ist der Tod. Gemeint ist der physische wie der ewige Tod, Beziehungslosigkeit als Verlöschen aller vitalen Lebensfunktionen und als ewiges Leben in der Gottesferne – das ist die sog. „Hölle", in der die Menschen nicht gefoltert werden, sondern in ihrer selbst gewählten Ferne von Gott leben. Wenn Menschen ihren Willen, ohne Gott zu leben, in Ewigkeit bekommen, dann sind die schlimmsten denkbaren Zustände (nicht aufhörendes „Feuer") kaum geeignet genug, dies angemessen zu beschreiben. Zu erinnern ist das Leitmotiv in Jean-Paul Sartres Einakter „Geschlossene Gesellschaft", in der er die Figur Garcin sagen lässt: „Die Hölle, das sind die andern." In dieser Hölle, die wir „für einander" sind, bestimmt nicht mehr Gott, was wir sind, sondern der Mensch ist dem Menschen ausgeliefert, ohne die Möglichkeit einer Korrektur oder anderen Instanz.

> „nondum consi-
> derasti" *(Anselm
> von Canterbury):
> „Du hast noch nicht
> begriffen, wie schwer
> die Sünde wiegt. "*

In einer Radikalität, die nur von reformatorischer Theologie oder nihilistischen Konzeptionen der Moderne und Postmoderne eingeholt wird, bestimmt die sog. „negative Anthropologie" und Kosmologie der Bibel die Qualität einer Welt, die unter dem Vorzeichen der Sünde steht, die „gefallene Schöpfung" ist, deren Strukturen vergehen, deren Tragbalken zerbrechen, deren tragende Gerechtigkeitsordnungen sich fortwährend mehr auflösen (vgl. 1Kor 7,31).

Nondum considerasti: Es geht in der christlichen Religion nicht darum, dass die Leute etwas freundlicher miteinander umgehen sollen, dass sie etwas mehr Nächstenliebe üben sollen, dass wir zu besseren Menschen werden.

Nondum considerasti: Christlicher Glaube und seine Mitte, das Kreuz Jesu, hat nur verstanden, wer wenigstens ansatzweise die Verlorenheit dieser Welt realisiert, das Ausmaß der notwendigen Erlösung versteht, wer begreift, wie sehr diese Welt unter dem Fluch der bösen, das heißt Leben zerstörenden Taten von vergangenen und gegenwärtigen Generationen lebt, wie sehr sie bestimmt ist durch alles andere verdrängende Selbstbehauptung, durch zerstörerischen, destruktiven Willen zur Macht als Prinzip der ganzen Wirklichkeit.

Völlig zu Recht betonen die Kritiker des christlichen Glaubens die Gewaltsamkeit des Kreuzes. Völlig zu Unrecht verharmlosen Verteidiger des Christentums das Kreuz als ein kulturelles Symbol. Wer sich an der Furchtbarkeit und dem Gewaltcharakter dieses Foltertodes stößt, hat Entscheidendes verstanden; wer diesen einebnet, geht an der Pointe des Kreuzestodes vorbei.

Denn genau in diesem Tod des Sohnes Gottes nimmt Gott selbst die Gesamtheit der Flüche aller bösen Taten, die Gesamtheit allen verwirkten Lebens auf sich. Er macht sich nicht nur in diese Welt des Todes auf, wird Fleisch, Mensch wie wir, nimmt Anteil an den Lebensbedingungen einer gefallenen Schöpfung – er stirbt selber, aber eben nicht an eigener Schuld. Sondern er stirbt als der Schuldlose für unsere Schuld. Er ist das „Lamm Gottes", das die Sünde der ganzen Welt hinwegträgt (Joh 1,29) und das genau dadurch den Menschen von seiner Schuld, von seinem verwirkten Leben, befreit und ihm so neues Leben schenkt, neue Lebensmöglichkeiten eröffnet.

Christus ist zum Fluch geworden für uns. Härter und besser kann man es nicht sagen. In dieser Härte muss man es aber auch sagen. Sonst begreift man nicht, wie schwer die Sünde, unsere Sünde, die grundsätzliche, wesensmäßige Verlorenheit unserer Welt, wirkt. Sie führt den Sohn selbst in den Tod. Christus stirbt an unserer Sünde, die sich zusammenballt, einen letzten konzentrierten Ausdruck findet im Aufstand der Menschen gegen den, der ihnen exklusiv als der Liebende, als reine Zuwendung, als Dienender begegnet ist. Im Kreuz Jesu kulminieren die beiden Bewegungen einer zusammenbrechenden Schöpfung einerseits und eines sich um seine gefallene Schöpfung mühenden Gottes; hier stoßen sie zusammen in einem letzten Konflikt, der mit einer ungeheuren Wucht ausgetragen wird, ästhetisch vielleicht am ehesten greifbar in der Konfrontation der verschiedenen Chöre in der Matthäuspassion Johann Sebastian Bachs. Vor diesem Hintergrund wird nun erst die Pointe dieses Konfliktes und des Verhaltens Gottes in ihm greifbar.

Gott tut nicht das, was eigentlich zu erwarten wäre, was nur vernünftig und angemessen wäre. Er setzt sich nicht einfach mit der ihm gegebenen überlegenen Macht durch. Er vernichtet nicht mit dem Hauch seines Mundes den Widerstand der Menschen. Er beseitigt nicht mehr Götzendienst, Aufstand des Menschen, Sünde, wie er es vor Zeiten überall dort tat, wo seine Heiligkeit als verzehrende Wirklichkeit alles zerstörte, was ihr nicht entsprach.

Er setzt sich vielmehr in der Lichtgestalt Jesus, in der das Wesen der Liebe unüberbietbar manifest war und ist, dem Zerstörungswillen, der Selbstbehauptung, dem Aufstand des Menschen aus. Er erleidet ihre Aggression bis in die physische und emotionale Dimension der Ablehnung und Folter, ja des Todes hinein. Hier können wir begreifen, wie schwer die Sünde wiegt, was Sünde ist, worin ihr Wesen besteht. Gott vernichtet nicht die, die der Vernichtung wert gewesen wären, er nimmt ihr vernichtendes Tun auf sich, lässt es sich an seinem eigenen Leib, seiner physischen Existenz, austoben und manifestieren.

Wenn es wirklich stimmt, dass sich am Geschehen der Kreuzigung das Wesen dieser Welt in seiner ganzen Abgründigkeit exemplarisch enthüllt, dann hat eben nicht nur die kanaanäische Bevölkerung zur Zeit der Landnahme, inklusive Frauen, Greisen und Kindern, dann haben wir alle den Tod verdient, – wohlgemerkt nicht moralisch, das wäre ein Fehlurteil, wohl aber ontologisch, also aufgrund ihres grundsätzlichen Wesens, verstanden: als Ergebnis eines Aufstandes gegen Gott und eines fortschreitenden Verwirkens der Beziehungen zu ihm und zu anderen, ohne die Leben nicht möglich ist.

An Ostern, in der Auferstehung Christi, zeigt sich dann, dass selbst diese geballte Macht der Sünde nicht in der Lage ist, das Leben Gottes zu überwinden, dass vielmehr die Macht seiner Liebe stark genug ist, den, der in der Gottesferne alles Böse aller Zeiten auf sich geladen hat, zu neuem Leben zu erwecken. Hier zeigt sich die ungeheure Kraft der Liebe Gottes, des Vaters.

Noch einmal zusammenfassend die Pointe der Kreuzigung:

- Das Kreuz ist in der Tat ein Geschehen, das an Brutalität, Gewaltausübung, Schrecklichkeit nicht zu überbieten ist, gerade weil es ein Geschehen an Jesus ist.
- In diesem ästhetisch nur abschreckenden Geschehen kulminiert die Schuld und Verlorenheit der ganzen Welt.
- Gott tut in diesem apokalyptischen Konflikt nicht das, was zu erwarten wäre: Er vernichtet nicht die Menschheit, die sich in Verblendung und Ungerechtigkeit gegen ihn erhebt, ihm nach dem Leben trachtet.
- Gott nimmt im Gegenteil überraschender-, ja verrückterweise gerade im Kreuz Jesu, in diesem unbegreiflichen, letzten, nicht zu überbietenden Aufstand des Menschen gegen ihn, die Schuld der Menschen, ihre Lebensverwirkungen auf sich.
- Mit dieser Strategie zur Rettung der Menschheit beweist er Liebe als das letzte Motiv seines Handelns mit den Menschen, auch in der vorangegangenen (Heils-) Geschichte.
- Recht verstanden haben ja nicht nur die Kanaaniter ihr Leben verwirkt, sondern alle Menschen, die einerseits ohne die Verbindung zu Gott als Quelle des Lebens nicht leben können, andererseits aber vor seiner Heiligkeit nicht bestehen können.
- Mit dieser stellvertretenden Dahingabe seines Lebens vollzieht Gott auch einen fundamentalen Strategiewechsel. Dieser ist jetzt noch einmal detaillierter zu belegen.

Gott ändert sein Verhalten

Nach dem Scheitern des alttestamentlichen Heilsweges geht Gott einen neuen, einen ganz anderen, einen völlig alternativen Weg. Nicht umsonst spricht Jesus von dem Neuen Bund in seinem Blut, von dem neuen, ganz anderen Bund, den Gott gründet – nicht durch die Dahingabe anderer, menschlichen oder tierischen Lebens, sondern durch die Dreingabe des eigenen Lebens. Er lässt nicht mehr – wie in alttestamentlicher Zeit – den Menschen die Last seiner Sünde und im Kult die Leistung zu seiner Versöhnung erbringen. Er erbringt diese Leistung nun selber.

Um möglichen Missverständnissen expressis verbis zu begegnen: Damit ist gerade nicht die Aufhebung der Heiligkeit Gottes behauptet; nicht eine Aufhebung seines – legitimen – Zornes gegen die Sünde und alles, was unser Leben zerstört. Es ist aber behauptet, dass Gott einen für den Menschen weniger tödlichen Weg findet, um mit der Sünde und Schuld und dem selbstverständlichen Tod des Menschen als Resultat der Verwirkung seines Lebens umzugehen. Er nimmt eben diesen Tod als Summe aller Sünde auf sich selber.

Gott lässt nicht mehr – wie in alttestamentlicher Zeit – den Menschen die Last seiner Sünde und im Kult die Leistung zu seiner Versöhnung erbringen. Er erbringt diese Leistung nun selber.

Hintergrund ist das Scheitern des Vorhabens, über Israel und die alttestamentliche Offenbarung vom Sinai bis zum Zion ein Licht unter den Völkern zu stiften und so allen Menschen in allen Heidenvölkern den Weg zur Erlösung zu zeigen und zu bahnen. Um diese Behauptung gegen mögliche Missverständnisse abzusichern: Mit Blick auf Röm 1 und 9-11 ist festzuhalten, dass die Erwählung Israels nicht aufgehoben ist und dass Gott an der Sonderrolle dieses Volkes festhält, dass aber die mit Israel verbundenen Maßnahmen überholt sind, selbst wenn Gott an sie anknüpft und sie in dem Juden Jesus überbietet.

Ein paar Hinweise zur Illustration des Gemeinten müssen genügen:

Der Verlust der Stiftungen Gottes

Als die entscheidenden, die Erwählung Israels ausweisenden Gaben gelten in den alttestamentlichen Traditionen:
1. das Land
2. das Königtum
3. der Tempel als Ort der Gegenwart des lebendigen Gottes und
4. der Kult, um diese Gegenwart zu ermöglichen.

Es gehört zu den maßgebenden Erfahrungen Gottes mit seinem Volk, dass alle diese Gaben verloren gehen, weil das Volk bzw. seine Leiter, die stellvertretend für das Volk stehen, versagen und dem Willen des heiligen Gottes nicht entsprechen: Das Königtum spaltet sich, verliert sehr schnell seine Macht und Selbstständigkeit. Jüdische und israelitische Könige werden zu Vasallen anderer Herrscher. Das von Gott selbst geschenkte Land wird erobert, wird besetzt, verliert seine Autonomie, das Volk geht ins Exil. Der Tempel wird zerstört und wieder aufgebaut. Aber schon Jeremia und dann vor allem Hesekiel stellen die Frage, ob Gott im Tempel überhaupt noch anwesend ist. Die absolut notwendigen Kultgegenstände gehen verloren, das Kultpersonal ist nicht mehr zu rekrutieren (Stammbäume fehlen).

Der Opferkult kommt phasenweise zum Erliegen, kann nur noch partiell gültig vollzogen werden; er ist eigentlich schon deshalb nicht mehr möglich, weil der Tempel entweiht worden ist.

Damit ist in der Summe der irdisch-geschichtliche und exemplarische Weg Gottes über das Volk Israel gescheitert.

Das Scheitern des theologischen Konzeptes: göttliche Selbstkritik

In einem überaus bemerkenswerten Resümee formuliert Jahwe im Mund des Propheten Hesekiel das Scheitern seiner theologischen Ambitionen mit dem Volk Israel. In Hes 20,21-25 heißt es:

„Die Söhne (Israels) waren widerspenstig wider mich; in meinen Ordnungen lebten sie nicht, und meine Rechtsbestimmungen bewahrten sie nicht, sie zu tun, durch die doch der Mensch, wenn er sie tut, lebt. Und meine Sabbate entweihten sie … Und … ich gab ihnen Ordnungen, die nicht gut waren, und Rechtsbestimmungen, durch die sie nicht leben konnten."

Der Weg scheitert, das Heil – gemäß den guten Ordnungen Jahwes – durch das Tun des Richtigen, Gerechten und Guten zu erreichen. Radikaler kann göttliche Selbstkritik nicht ausfallen. Er erweist sich im Rückblick als nicht gangbar. Natürlich sind die Ordnungen und Rechtssatzungen Jahwes gut – aber es erweist sich eben, dass der Mensch ihnen nicht entsprechen kann. Und dieses Versagen führt dann eben zu der unhaltbaren Situation, in der Gott ein Gericht nach dem anderen über sein Volk bringt.

Paulus knüpft in Röm 7 an diese Diagnose an, indem er im Hinblick auf die zentrale Heilsgabe des Judentums, die Tora, den überaus bemerkenswerten Satz wagt: „Das Gebot, das zum Leben gegeben, gerade das erwies sich mir zum Tod." (7,10) Paulus entwirft ein eindrückliches Bild des Lebens unter der Gerechtigkeitsforderung Gottes, um zu zeigen, wie gerade das Gute Gottes den Menschen restlos überfordert, wie gerade die Weisung zum Guten zum Kriterium wird, an dem das Unvermögen und mangelnde Wollen des Menschen ablesbar wird und zu seiner Verurteilung führen muss.

Das Ende des Alten und die Ansage des Neuen Bundes

Es ist schon Zeichen der Güte, Langmut und Barmherzigkeit, ja Zeichen der Gott in seinem Wesen bestimmenden Liebe, dass dieses offenbare Scheitern des Menschen an Gottes gutem Willen nicht zum endgültigen Verlust der Geduld Gottes und zum abschließenden Gericht führt, sondern – erstaunlicherweise – zum Ende dessen, was sich nicht bewährt und zum Beginn von etwas Neuem, das sich als tragfähig erweist. Schon im Alten Testament kommt es durch den Propheten Jeremia zur Ansage eines neuen Bundes:

„Siehe, Tage kommen, spricht der HERR, da schließe ich mit dem Haus Israel und dem Haus Juda einen *neuen* Bund: nicht wie der Bund, den ich mit ihren Vätern geschlossen habe …‚- diesen meinen Bund haben sie gebrochen, obwohl ich doch ihr Herr war, spricht der HERR. Sondern das ist der Bund, den ich mit dem Haus Israel nach jenen Tagen schließen werde, spricht der HERR: Ich werde mein Gesetz in ihr Inneres legen und werde es auf ihr Herz schreiben. Und ich werde ihr Gott sein, und sie werden mein Volk sein. Dann wird nicht mehr einer seinen Nächsten oder einer seinen Bruder lehren und sagen: Erkennet den HERRN! Denn sie alle werden mich erkennen von ihrem Kleinsten bis zu ihrem Größten, spricht der HERR. Denn ich werde ihre Schuld vergeben und an ihre Sünde nicht mehr denken." (31,31-34)

Angesagt ist eine absolut intime, intuitive, direkte, durch nichts mehr infrage zu stellende Gottesgemeinschaft. Angesagt ist ein ganz anderer als der bisherige, angesagt ist ein neuer Bund. Neuer Bund heißt jetzt nicht: noch ein Bund, noch ein weiterer Bund, sondern: ein ganz neuer, qualitativ ganz anderer Bund, eben ein Bund, der nicht mehr gebrochen, nicht mehr vom Menschen durch sein Tun infrage gestellt werden kann, ein Bund, der so beschaffen ist, dass sich der Mensch durch den Bruch seiner Verpflichtungen nicht ständig und immer neu Gottes Gericht zuzieht.

Dieser Bund ist im Alten Testament angekündigt. Er ist real in dem Blut Jesu, durch das Leben, das Jesus selbst gibt. Er hängt nicht mehr von der liturgischen Korrektheit oder moralischen Perfektion des Menschen ab. Er ist absolut fehlerfreundlich. Das geschehene Opfer ist so umfassend, dass es ein für allemal geschehen ist und in jedem Fall für alles und alle ausreicht (Hebr 9,28). Das ist der Bund, für den Gott mit seinem eigenen Leben, seinem eigenen Tun, seiner eigenen Liebe allein garantiert.

Angesagt ist eine absolut intime, intuitive, direkte, durch nichts mehr infrage zu stellende Gottesgemeinschaft.

Es ist nicht der Bund, in dem der Heilige noch Erwartungen an den Menschen formuliert und sich seine Heiligkeit verzehrend auswirkt, wenn der Mensch der Nähe Gottes nicht entsprechen kann. Es ist der Bund, mit dem Gott alle Sünde und Schuld, alle Lebensverwirkungen und Tode des Menschen auf sich nimmt, sodass für das ewige Verderben des Menschen nichts mehr übrig bleibt.

Dieser Strategiewechsel und diese elementare Veränderung im Verhalten Gottes schlägt sich laufend und durchgängig im Auftreten und der Verkündigung Jesu nieder:

Der neue Weg Gottes

Die Herrschaftsweise des Menschensohnes: der Herr als Knecht, der Unschuldige als der an unserer Stelle Verurteilte

In der Mitte der Botschaft Jesu und seines von ihm artikulierten Selbstverständnisses steht das Wort vom Menschensohn aus Mk 10,45:

„Der Sohn des Menschen ist *nicht gekommen*, um sich dienen zu lassen, *sondern* um zu dienen und sein Leben hinzugeben als Lösegeld für die Vielen."

Der Menschensohn ist die in Dan 7 verheißene endzeitliche Herrscher- und Richtergestalt, die aus dem Raum Gottes heraustritt und in seinem Auftrag das Ende und Gericht der Welt herbeiführt. Das ist die allgemeine, auch zur Zeit Jesu dominierende, aus dem Propheten Daniel und aus anderen frühjüdischen Quellen gespeiste Erwartung. Jesus korrigiert sie ausdrücklich, und es fällt schon auf, wie wenig Gewicht dieser expliziten Korrektur gemeinhin gegeben wird. Jesus spricht von sich als dem Menschensohn, und er betont: Obwohl er der Menschensohn ist, ist er eben nicht gekommen, um die Herrschaft anzutreten und sich dementsprechend von den Menschen dienen zu lassen; er verkehrt vielmehr die Erwartung, die auf dem Alten Testament basiert, in ihr Gegenteil: Der Menschensohn will keine Diener, die ihn anbeten; er wird selber dienen. Er übt nicht Macht und Gewalt aus, wie es die Herrscher dieser Welt tun (vgl. die Jüngerbelehrung im Kontext), sondern er kommt als der, der durch Liebe, Dienen, Zuwendung überwindet.

Das ist der neue Weg Gottes!

Die Veränderung des Programms: kein „Tag der Rache Jahwes"

Von ähnlich großer Bedeutung dürfte die programmatische Änderung sein, die Jesus in seiner Rede in seiner Heimatstadt Nazareth vornimmt.

Jesus erhält die Ehre der Schriftlesung. Ihm wird der Prophet Jesaja gereicht und er liest Jes 61,1f. vor, um sich vorzustellen: „Der Geist des HERRN ist auf mir, weil er mich gesalbt hat, Armen gute Botschaft zu verkündigen; er hat mich gesandt, Gefangenen Befreiung auszurufen und Blinden, dass sie wieder sehen, Zerschlagene in Freiheit hinzusenden, auszurufen ein angenehmes Jahr des HERRN."

„Heute", so stellt er fest, „ist diese Schrift vor euren Ohren erfüllt" (Lk 4,18-21). Er vollzieht dabei aber eine charakteristische Änderung, eben Kürzung des vorgegebenen heiligen Gotteswortes, die allen sofort aufgefallen sein wird: Jesus verzichtet auf das Merkmal des Gerichtes, der Rache Gottes: Während es im Propheten Jesaja heißt „auszurufen den Tag der Rache für unsern Gott" (61,2), lässt Jesus diesen Teil der Ankündigung weg. Er kann es tun, weil genau dieses Gericht nicht mehr über die Menschen ergeht, weil er dieses Todes-Gericht über die Sünden der Menschen an seinem eigenen Leib erdulden und die Mächte des Todes und des Fluches auf sich selbst ziehen wird.

Die gute Botschaft, das Evangelium, besteht also in dem, was zitiert, aber noch mehr in dem, was gerade nicht zitiert und damit umso ausdrücklicher gesagt wird.

Der Urteilsverzicht des Menschensohnes

Von exemplarischer Bedeutung ist der Umgang Jesu mit der *in flagranti* ertappten und festgenommenen Ehebrecherin, Joh 8,1-11: Das Gesetz verlangt die Strafe der Steinigung (Lev 20,10; Dtn 22,22). Dieses Gesetz hat seinen Ursprung in Gott selbst. Es stammt von Gott, ist Gottesrecht. Und es ist in sich logisch. Wer sich gegen Gottes Leben stiftende und bewahrende Weisungen vergeht, wer damit die Strukturen des Lebens zerbricht, hat selber sein Leben verwirkt. Die Pharisäer meinen ja gerade deshalb, Jesus durch die Präsentation dieser „Sünderin" in eine No-win-Situation hineingebracht zu haben. Als jemand, der beansprucht, Gottes Willen zu repräsentieren, kann Jesus als frommer Jude ja gar nicht anders, als das Gesetz nachzusprechen und dieses Urteil zu fällen. Tut er es, ist er unbarmherzig und hart und verscherzt manche Sympathien. Tut er es nicht, ist er vielleicht barmherzig und nett, aber doch um den Preis der Heiligkeit, der Gerechtigkeit, der Gültigkeit der Ordnungen Gottes. In dieser Situation weist Jesu Verhalten einen doppelten Ausweg:

Jesus bringt zunächst die Ankläger durch den Aufweis zum Verstummen, dass dieses Todesurteil im Prinzip nicht nur für die ertappte Sünderin gilt, sondern für alle Sünder, die sich da zum Gericht über sie versammelt haben: „Wer von euch ohne Sünde ist, werfe den ersten Stein!" (8,7) Der Verzicht auf den Akt der Verurteilung deckt das Wissen um die universale und damit auch die eigene Schuld auf. Jesus zwingt am Beispiel der einen Sünde zum Eingeständnis, dass das moralische Denken, das von der Abwertung des einen die Erhöhung des bzw. der anderen erwartet, eben nicht funktioniert, dass es nicht tief genug diagnostiziert. Nicht eine oder einer nur ist Sünder, sondern alle. Die Verlorenheit reicht also viel tiefer, als es die Steinigung einer Person erahnen ließe.

Jesus selbst verzichtet zwar auf ein Urteil: „So verurteile auch ich dich nicht" (8,11), aber das bedeutet eben nicht, dass er es mit Sünde nicht so genau nähme oder dass es für ihn keine Sünde mehr gäbe. Jesus fordert die Frau im Gegenteil auf: „Sündige nicht mehr!"

Die entscheidende Frage ist natürlich: Wie ist eine solche Haltung und ein solches Verhalten möglich? Wie ist es theologisch möglich, legitim, verantwortbar? Wie kann Jesus auf der einen Seite „Sünde" festhalten und ernst nehmen und auf der anderen Seite Urteilsverzicht üben? Die Antwort weist zurück auf den, der sie ausspricht: Der endzeitliche Menschensohn, als der Jesus hier erscheint, übt Gericht, aber er verzichtet auf die Verurteilung. Er kann nur – und nur er kann! – auf die Verurteilung verzichten, weil er das Urteil auf sich selbst genommen hat (vgl. Mk 10,45). Jesus spricht die Frau frei, nicht weil sie ohne Sünde wäre, das ist gerade nicht der Fall, oder weil er die Sünde, religiös liberal, nicht mehr ganz so ernst nehmen würde – auch das ist erkennbar nicht der Fall („Sündige hinfort nicht mehr!"). Jesus spricht die Frau frei, weil er selber im Begriff steht, das Urteil über sie, ihre Strafe, am Kreuz auf sich zu nehmen: Der Menschensohn, der leidet und stirbt – für die anderen, an ihrer Stelle.

Wo wäre der neue Weg Gottes, jenseits von einer Vernachlässigung der todbringenden Folgen der Sünde, mehr zu greifen als hier?

Die neue Praxis des Menschensohnes und seiner Nachfolger

Jesus ist auch und gerade angesichts der römischen Gräuel in Jerusalem, angesichts der gewalttätigen Besatzung des Heiligen Landes, angesichts der Entweihung des Tempels, nicht den Weg der Zeloten gegangen; er hat nicht den Weg der gewaltsamen Befreiung Israels gewählt.[76] Auch dieser Weg hätte religiös-theologisch sehr nahegelegen.

Jesus ist ihn nicht gegangen. Am Palmsonntag erinnern wir uns daran, dass er nicht wie der Krieger-König auf einem Pferd in Jerusalem eingezogen ist, sondern als Friedenskönig auf einem Esel. Nichts zeichnet ja den Friedenskönig und seine spezifische Weise der Herrschaft mehr aus als ein Reittier, das überhaupt nicht zum Krieg geeignet ist. (Wenn ein Esel Angst hat, entfaltet er nicht Dynamik wie das Pferd, sondern er erstarrt und ist, etwa bei Kriegslärm oder Waffengewalt, nicht mehr von der Stelle zu bewegen.)

Dieses Vorbild leitet nicht zu gewalttätiger Praxis an. Es verpflichtet auf den Weg der Liebe, der Stellvertretung und des Gewaltverzichtes. Es leitet nicht an zum Verzicht auf Wahrheit, Gerechtigkeit und Heiligkeit, wohl aber zur Bereitschaft, für diese Wahrheit, Gerechtigkeit und Heiligkeit zu leiden und die Konflikte, die sich an ihr und durch sie ergeben, selber auf sich zu nehmen.[77]

Und das letzte Gericht?

Wir kommen zum Schluss: zum Schluss der Überlegungen und zum Schluss der Geschichte. Und wir stehen hier vor einer überaus spannenden Frage, die sich mit Nachdruck nahelegt: Womit ist für die Zukunft und das Ende der Welt, für das Eschaton zu rechnen? Wird Gott am „Jüngsten", am letzten „Tag", dem Tag der Abrechnung, dem Tag seiner offenbaren Macht, nicht doch wieder in den Modus der Macht zurückfallen? Gibt es dann nicht doch nur noch den einen Weg der Gewalt?[78] Die Johannesoffenbarung scheint ja genau dies nahezulegen.

Es gibt in den biblischen Traditionen alternative Spuren, bis in die Johannesoffenbarung hinein, und auf diese möchte ich zum Schluss noch hinweisen.[79]

Gerade der Zusammenhang, der mit am deutlichsten im Neuen Testament den eschatologischen Machtantritt Jesu besingt, weist in der Konsequenz des Friedensmessias auf die alternative Durchsetzung Gottes, nicht im Modus der Gewalt und Macht, sondern im Modus der alle überwindenden und überzeugenden Liebe. Phil 2,9f. („damit in dem Namen Jesu jedes Knie sich beuge … und jede Zunge bekenne, dass Jesus Christus Herr ist, zur Ehre Gottes des Vaters") greift ja die Verheißung aus Jes 45,23f. auf, die Zusage einer endzeitlichen Friedensherrschaft Gottes über alle Völker. Der Herr wendet sich an alle Völker und ruft sie zur Umkehr auf: „Wendet euch zu mir und lasst euch retten, alle Enden der Erde! Denn ich bin Gott und keiner sonst. Ich habe bei mir selbst geschworen, aus meinem Mund ist Gerechtigkeit hervorgegangen, ein Wort, das nicht zurückkehrt." Dies wird anerkannt werden von allen Menschen: Und sie werden „sagen: Nur in dem HERRN ist Gerechtigkeit und Stärke. Zu ihm wird man

kommen, und es werden beschämt werden alle, die gegen ihn entbrannt
waren." (45,24)

Damit ist klar:

Die Feinde werden überwunden werden. Die Ungerechtigkeit wird ein
Ende haben. Gott setzt sich, sein Gott-Sein, seine Heiligkeit und Gerechtigkeit durch. 45,23 markiert aber, *wie* die Gerechtigkeit sich durchsetzt:
bemerkenswerterweise nicht durch das *Schwert,* sondern durch das *Wort,*
das aus dem Mund hervorgeht und Gerechtigkeit schafft.

Die Überwindung geschieht nicht im Modus der Gewalt, sondern der
*Voll*macht; nicht im Modus der Vernichtung, sondern durch Beschämung.
Gerade die Feinde, gerade die erbitterten Gegner, werden die Liebe Gottes
erkennen, und diese Wahrnehmung der Liebe führt sie zur Umkehr. Die
Liebe überwindet sie. Die Liebe ist so „überwältigend", dass sie ihr nicht
widerstehen können.

Genau diese Spur wird bezeichnenderweise in der Offenbarung des Johannes selbst noch einmal aufgenommen, wenn 1,16 vom scharfen, zwei-
schneidigen Schwert des Menschensohnes spricht. Das Schwert ist keine
Vernichtungswaffe. Es geht hervor aus dem *Mund* des Menschensohnes,
ist der Inbegriff seiner effektiven, präzisen, wirkmächtigen geistigen Herrschaft. Dieser Menschensohn-Weltenrichter herrscht durch den Logos, das
Wort, nicht durch Gewalt. Der Christus, der die Welt überwindet, ist in der
Johannesoffenbarung nicht derjenige, der noch mehr *power* hat und noch
mehr Blut vergießt als das Tier aus dem Abgrund. Er wird uns vorgestellt
als das „Lamm wie geschlachtet", also als der Gott, der unsere Verlorenheit,
Verworfenheit und Schuld auf sich nimmt und der allein dadurch und als
Einziger die Vollmacht hat, die Siegel der Weltgeschichte zu öffnen, um
ihre Geschicke an sein Ziel zu bringen (Offb 5,6-14).

Auch auf diesem durch Aussageinteressen arg verminten Gelände gilt es,
möglichen Missverständnissen zu wehren:

1. Die Interessenlage für eine am Kreuz Jesu Christi als Höhe- und Tiefpunkt der Selbstoffenbarung des dreieinigen Gottes orientierte christliche Gotteslehre besteht darin, dass dieser Gott im Eschaton und in dem
   zu erwartenden Gericht nicht in einen heilsgeschichtlich überwundenen
   Machtmodus zurückfällt.

2. Die von einem bestimmten biblischen Aussage- und Traditionsstrang er-
   öffnete Perspektive eines „Beschämungs"-Modus der Widersacher und

Feinde Gottes angesichts des Offenbarwerdens der Liebe Gottes bedeutet weder eine Infragestellung der Freiheit des Menschen, sich zu Gott zu verhalten (sonst wäre ja auch eine vom Geist Gottes gewirkte Wiedergeburt eine eben solche Infragestellung), noch impliziert sie eine apokatastasis pantoon (Wiederbringung aller, also Allversöhnung). Es muss ja offen bleiben, ob die Aussagen partikular, repräsentativ oder universal zu verstehen sind.

3. Das in den biblischen Schriften angesagte Gericht Gottes ist Offenbarung der Liebe Gottes. Es ist eigentlich nicht denkbar, muss aber doch offengehalten werden, dass sich Menschen zu dieser ablehnend verhalten und damit selbst im Bereich der Gottesferne und der Abwesenheit seiner Liebe bleiben wollen.

4) Wer unser Gott ist

Gott ändert sich, um sich gleich zu bleiben

Im Alten Testament finden sich also, wie wir sahen, Anweisungen von Gott und Beschreibungen seiner Handlungen, die uns heute unvorstellbar inhuman und grausam vorkommen. Diese Gewalttraditionen können Christen und Kirchen nicht gleichgültig sein, weil sie ganz offenbar immer wieder zur Legitimation eigener Gewaltanwendung geführt haben. Es liegt nahe, sich von diesen Traditionen im Namen des Christentums als Liebesreligion zu distanzieren. Wir sahen, dass dem freilich mehrere Einwände gegenüberstehen:

- Es gibt unrühmliche Vorbilder wie Marcion oder Ludwig Müller.
- Ein solches Verfahren stellt eine Art von Sachkritik an der Bibel dar, die von dieser übrig lässt, was in das Format eines ohnehin schon als richtig geltenden, mitgebrachten Gottesbildes hineinpasst.
- Das Problem als solches ist nicht rein alttestamentlich, sondern die Frage nach dem Verhältnis von Gott und Gewalt stellt sich ja auch und vor allem in der Mitte neutestamentlicher Gottesoffenbarung.

Die Kreuzigung ist nun in der Tat ein Vorgang äußerster inhumaner Gewalt. Aber gerade das Kreuz Christi als Mitte christlichen Glaubens (vgl. 1Kor 2,2) führt zu einer angemessenen Perspektive auf das Verhältnis von Gott und Gewalt. Am Kreuz nimmt Jesus die ganze Verlorenheit dieser Welt und die Fülle des Fluches, den die Menschen auf sich geladen haben, auf sich. Zeichen der elementaren Umorientierung Gottes ist das Kreuz darin, dass Gott nicht mehr – was gerecht und angemessen wäre – den Sünder der Vernichtung als logischer Konsequenz seiner Taten hingibt, sondern ihm neue Lebensmöglichkeiten stiftet, indem er die Macht des Verderbens und des Todes auf seinen eigenen Leib zieht.

Schon die Vernichtung des Bösen, dessen, was Leben nichtet, ist Ausdruck der Liebe Gottes zum Leben. Heiligkeit ist die Kehrseite der Liebe, Liebe ist die Kehrseite der Heiligkeit Gottes. Heiligkeit ist Liebe zum Leben. Um uns seine Liebe aber angemessener zeigen zu können, um uns verlorene Menschen, die unter der Herrschaft des Bösen stehen, aus Liebe zum Leben nicht vernichten zu müssen und nur beseitigen zu können, wählt Gott eine alternative, absolut erstaunliche Strategie, die ihn selber buchstäblich in Mitleidenschaft zieht. Er nimmt in Jesus alle Verlorenheit, alle Sünde, alle Schuld, alle Beziehungslosigkeit auf sich, in sich hinein und erträgt den Riss, der in der Stunde des Kreuzes durch ihn selber geht, die Trennung, die das für Vater und Sohn bedeutet. „Mein Gott, mein Gott, warum hast du mich verlassen, im Stich gelassen?"

> *Schon die Vernichtung des Bösen, dessen, was Leben nichtet, ist Ausdruck der Liebe Gottes zum Leben.*

Dieser Gott des Friedens, der nicht mehr unsere Vernichtung sucht, sondern unser Überleben bewirkt hat, steht nicht gleichrangig neben dem Gott, der vernichtet, was Leben nichtet. Er hat sich verändert und in Jesus auf eine exklusive Liebe festgelegt, die ihm möglich ist, weil er alles Böse an seinem eigenen Leib gerichtet hat. Für das Ende unserer Geschichtszeit erwarten wir darum einen Gott, der nicht in den überwundenen Machtmodus zurückfällt, sondern diejenigen beschämt und durch die Macht seiner unglaublichen Liebe überwindet, die ihm bisher Widerstand geleistet haben.

Gott ändert sich, aber nur, um sich gleich zu bleiben. Er zeigt in Jesus ein total anderes Gesicht als in Landnahme und Wüstenwanderung, den

Gerichten über Israel und seine Könige, aber nicht, weil er erst jetzt begonnen hätte, uns zu lieben, sondern weil seine Liebe zu uns nur so zum Zuge und zum Ziel kommt, dass sein Widerstand gegen das Böse, sein Vernichtungswillen, nicht mehr uns trifft, sondern ihn selbst. Der Sohn geht in den absoluten Albtraum der Gottesverlassenheit, damit wir mit Gott leben können. Wir werden ihn eine Ewigkeit dafür loben.

Die Kritik der Monotheismus-Kritiker trifft unseren Gott nicht

Von Christus als der Mitte der Gottesoffenbarung her beantwortet sich nun nicht nur die Frage, ob der Gott der Bibel ein gewalttätiger, Gewaltanwendung von den Menschen fordernder Gott ist – auch die Kritik des Monotheismus trifft dann nicht, wenn wir konkret fragen, ob denn der Gott, der hier als Inbegriff monotheistischer Religiosität identifiziert wird, wirklich *unser* Gott ist.

Ist der Gott, den die Monotheismus-Kritiker meinen,
- der Gott, der uns in Jesus Christus sein Gesicht gezeigt hat: das Gesicht des allein barmherzigen Vaters? Der Gott, der in Jesus geoffenbart hat, wer er ist: Liebe?
- der Gott, der sich im Leben des Jesus aus Nazareth „ausgelegt" hat – als Zuwendung zum Verlorenen, Schwachen, zu dem, was nicht leben kann: physisch, psychisch, geistig und geistlich, in jeder Hinsicht?
- der Gott, der Mensch geworden ist, damit wir aufhören (können und dürfen), Gott zu spielen?
- der Gott, der nicht unser Leben will, sondern sein Leben gibt? Der Gott, der nicht unsere Unterwerfung, Ergebung und Knechtschaft fordert, sondern der selbst als Herr der Welt Knecht geworden ist, um uns Menschen zu dienen und zum Leben zu helfen? Der Gott, der nicht fordert, sondern schenkt?
- der Gott, der sich nicht offenbart, um eine absolute Wahrheit unter die Menschen zu bringen und ihnen ein irrtumsloses Buch zu schenken, an das sie sich nun treu zu halten haben, um im Heil zu sein; der Gott, der sich vielmehr bedingungslos allen zuwendet; der sich ohne jede Vorbedingung allen Menschen unterschiedslos zukehrt und der sich nur das

eine wünscht: dass Menschen – egal wer und wie sie sind – ihn als liebenden, sorgenden, helfenden Vater an-erkennen?

- der Gott, der nicht die Wahrheit weitergibt, sondern die Wahrheit ist;
  der Gott, der nicht eine philosophische, abstrakte, lehrhafte Wahrheit
  vom Himmel herab verkündet, die Menschen dann wissen und tun müssen; vielmehr der Gott, der sich auf den Weg zu den Menschen macht,
  selbst Mensch wird, der sich in Jesus persönlich den einzelnen Menschen
  zuwendet, sie erkennt und sein Leben mit ihnen teilt?

- der Gott, der nicht eine abstrakte Wahrheit jenseits der Geschichte für
  uns hat, die uns fremd ist und die wir nicht verstehen können; sondern
  der Gott, der als die Wahrheit in unsere Geschichte eingegangen ist; der
  als Logos Fleisch geworden ist und sich unseren Existenzbedingungen
  bis zur Verwechselbarkeit – „wie ein Mensch erfunden" – unterworfen
  hat; der Gott, der nicht unser Für-wahr-Halten will, sondern unsere Liebe, Zuwendung und Anerkennung?

- der Gott, dessen Liebe bei denen, die er liebt, ihrerseits Barmherzigkeit,
  Güte, Hilfsbereitschaft auslöst?

- der Gott, der unseren Fehlern, Irrtümern, unserem Versagen, unsern
  Schwächen gütig, mit Verständnis, mit Trost und Hilfestellung, mit unbedingter Toleranz begegnet und der uns darum befähigt und ermutigt,
  uns selber anderen Menschen barmherzig, freundlich und hilfreich zu-
  zuwenden?

- der Gott, der uns nicht durch seine auferlegten Gesetze unterwerfen
  und knechten, sondern durch seine unbedingte persönliche Zuwendung
  gewinnen will; der uns individuelle und gemeinsame Lebensräume erschließen, nicht aber Freiräume behindern und zuschließen will?

- der Gott, von dem es heißt: Furcht ist nicht in der Liebe, sondern die
  vollkommene Liebe treibt die Furcht aus; der Gott, vor dem niemand,
  kein Mensch Angst haben muss?

Wenn wir einen *solchen* Gott er-leben, wie er in Christus Gestalt und Profil
gewonnen hat – muss sich dann nicht das Erscheinungsbild monotheistischer Religiosität ausdifferenzieren? Erübrigt sich hier nicht einiges an
Kritik mindestens am christlichen Gottesglauben?

Wenn wir fragen, wer unser Gott ist, dann soll damit nicht einem neuen
absoluten Exklusivismus das Wort geredet werden. Es gilt vielmehr, einzu-

laden, sich diesen christlichen Gott, der ja angeblich mit betroffen ist von der monotheistischen Religionskritik, doch einmal näher anzuschauen und dann zu überlegen, ob diese ihn wirklich trifft.

Wenn es wirklich einen, den einen, nur einen Gott gibt, dann wäre es entsetzlich, wenn es der Gott wäre, dessen Fratze uns aus dem Spiegel der Kritiker des Monotheismus anschaut. Wenn es einen Gott und nur einen gibt, dann wäre das ja für uns Menschen als Wesen, die sich selbst bestimmen, die leben wollen, die frei sein wollen, nur akzeptabel, wenn dieser Gott so aussieht, wie er sich uns in Jesus von Nazareth präsentiert. Das ist das Evangelium, die wirklich gute Nachricht, die wir als Christen weitersagen können: Hinter dem Namen „Gott" steckt nicht die Fratze eines übermächtigen, Freiheit zerstörenden, Leben erdrückenden Tyrannen, sondern das Gesicht eines liebenden Vaters, der angesichts unseres Elendes nur alles erdenklich Gute für uns will. Auf diese Wahrheit, die Wahrheit dieser entscheidend guten Botschaft käme es dann – bei aller Toleranz – aber doch an.

Wenn wir einen solchen Gott er-leben, wie er in Christus Gestalt und Profil gewonnen hat – muss sich dann nicht das Erscheinungsbild monotheistischer Religiosität ausdifferenzieren?

IV. Glauben an ein tolerantes Zeugnis für die eine Wahrheit: Christus

Wie versprochen wollen wir uns nun noch damit befassen, wie wir an unseren Gott glauben und von seiner Wahrheit reden können, ohne uns intolerant zu verhalten und durch unser Verhalten Unduldsamkeit und Gewaltpotenzial zu fördern.

Fassen wir noch einmal kurz unsere bisherigen Einsichten zusammen:

Die absoluten, exklusiven und universalen Geltungsansprüche, die sich mit einem Reden von Wahrheit verbinden, ganz gleich ob religiöser oder philosophischer Art, haben immer wieder zu Unduldsamkeit und Gewalt geführt. Hier braucht es in einer immer mehr zusammenwachsenden Welt im Großen und einer multikulturell wie multireligiös geprägten Gesellschaft im Kleinen neue, andere Strategien der Konfliktbewältigung.

Ein Zurück zum Polytheismus – oder philosophisch gesprochen: ein Ausweichen in einen postmodernen Wahrheitspluralismus – scheint naheliegend, ist aber keine Lösung.

Ein polytheistisch-pluralistischer Verzicht auf die Wahrheit kommt ebenso wenig infrage wie eine Haltung der Intoleranz. – Was aber dann, wenn wir sowohl Toleranz als auch Wahrheit brauchen?

Er ist weder zu wirklicher Toleranz angesichts bestehender Konflikte und realer Unterschiede in der Lage noch erbringt er die für den Menschen notwendige Orientierungsleistung – auf die der Mensch als *animal rationale* (Aristoteles) im Unterschied zum Tier angewiesen ist. Zudem droht die Gefahr einer Remythisierung der Welt durch einen Menschen, der eben nicht ohne Götter bleiben kann und sich – nach dem Abschied von dem einen Gott – andere sucht, womöglich die falschen. Ein polytheistisch-pluralistischer Verzicht auf die Wahrheit (im Singular!) kommt also ebenso wenig infrage wie eine monotheistisch motivierte Haltung der Intoleranz, der Repression, Verdrängung, Unterdrückung, Ausgrenzung. – Was aber dann, wenn wir sowohl Toleranz als auch Wahrheit brauchen?

Schließlich zeigte sich, dass es offenbar von Bedeutung ist, von welchem Monotheismus wir reden. Muslimischer und christlicher Monotheismus dürfen nicht über einen Leisten geschlagen werden. Wer vom biblisch-christlichen Monotheismus spricht, kommt nicht an der Verkündigung und Praxis des Jesus aus Nazareth vorbei und sollte von ihr seinen Ausgang nehmen.

Genau diesen Monotheismus gilt es, noch einmal etwas genauer unter die Lupe zu nehmen, wenn wir auf die Schlüsselfragen der Debatte zugehen:

1. Macht – *christlicher* – Monotheismus unfrei?
2. Führt – *christlicher* – Monotheismus zu Intoleranz und zur Anwendung von Gewalt?
3. Führt – *christlicher* – Monotheismus notwendig zu Herrschaft und Unterwerfung?
4. Wie kann man – immer exklusive – Wahrheitsansprüche mit Toleranz verbinden? Bilden die Suche nach Toleranz und Wahrheit absolute Gegensätze oder gehören sie am Ende aufs Engste zusammen?

1) Macht der – *christliche* – Monotheismus unfrei?

Wir gehen in der Diskussion über diese Frage nicht von einer philosophischen Metaphysik aus, sondern von der Mitte der biblischen Gottesoffenbarung in Jesus Christus. Dort finden wir nicht den alles determinierenden, alles erdrückenden, keine Freiheit zulassenden Gott, sondern den Gott, der Liebe ist (siehe Kap. III,4). Dieser sich fortwährend mehr seiner Macht entkleidende, kondeszendierende, herabneigende und erniedrigende Gott: Ist das der, der unsere Freiheit einschränkt? Der dem Menschen seine Freiheit nimmt?

Diesen Gott muss man nicht aufgeben, um frei leben zu können; die Existenz dieses Gottes muss man nicht verneinen, um frei zu sein (so wie Sartre dies angenommen hatte, der, die Existenz Gottes abstreitend, formulierte: „Der Mensch ist dazu verdammt, frei zu sein."). Dieser Gott stellt keine Bedrohung unserer Freiheit dar. Er engt uns nicht ein. Eher wünschte man sich manchmal, dass er etwas deutlicher redete und massiver eingriffe, sich klarer durchsetzte, um uns vor dem Freiheitsverlust zu bewahren, den wir immer wieder erleiden, wenn wir ihn als Herrn verabschieden und uns an andere Götter hängen. Aber er lässt das zu, eben weil er uns als seine Ebenbilder geschaffen hat, mit der Würde, uns zuletzt selbst gegen ihn zu entscheiden.

Ich möchte betonen: Bei dieser Schilderung des Gottes der Liebe habe ich nicht mit abseitigen biblischen Zusammenhängen argumentiert. Wir sind vielmehr von der Mitte der biblischen Heilsgeschichte ausgegangen (vgl. die Zusammenfassung christlicher Gotteslehre in 1Joh 4,8.16) und wir sind gerade hier auf den Gott gestoßen, der sich immer mehr zurücknimmt, der uns in unbegreiflicher Weise respektiert – selbst da noch, wo wir gegen seinen Willen handeln.

Wir bleiben bei dem gewählten hermeneutischen Ansatz und fragen:

2) Führt – *christlicher* – Monotheismus notwendig zu Gewalt?

Monotheismus führt sicherlich immer wieder zu Intoleranz, Konflikten und Gewalt. Die entscheidende und eigentlich spannende Frage ist, ob dies *notwendig* so ist. Ist die Logik der Kritik an monotheistischer Religiosität zwingend, die lautet: Die Unterscheidung von „wahr" und „falsch" führt zu Intoleranz, Intoleranz führt zu Konflikten und Konflikte enden in gewalttätigen Auseinandersetzungen?

Wieder ist so anzusetzen, dass wir uns die Praxis und das Verhalten als Kern und Stern des christlichen Monotheismus vergegenwärtigen. Hier fällt ein interessanter Sachverhalt auf, der zu einer Unterscheidung im Toleranzbegriff zwingt:

Jesus konnte sich gegenüber seinen Gegnern und Feinden sehr unduldsam äußern. Die Wehe-Rufe etwa über die Pharisäer sind an Intoleranz kaum zu überbieten. Kompromisslos gebärdet sich Jesus in der Sache, wenn es um die Wahrheit des Evangeliums, die Barmherzigkeit und unbedingte

Zuwendung des Vaters geht, wenn Menschen sich selbst und anderen im Licht der Liebe Gottes im Wege stehen und dieses zu verdunkeln drohen; hier finden wir messerscharfe Trennlinien bei Jesus.

Aber diese Trennlinien grenzen nie Menschen aus, sie zerschneiden nie das Band zu den Menschen – selbst zu solchen nicht, die Jesus ausgesprochen feindlich gegenüberstehen. Es ist geradezu unheimlich, wie sich Jesus zu Judas äußert: „Was du tun musst, tue bald." Oder: „Verrätst du den Sohn des Menschen mit einem Kuss?" Aus diesen Worten spricht bei aller lebensbedrohlichen Trennung in der Sache eine unglaubliche, nahezu intime Vertrautheit. Wir sehen also zweierlei:

1. Jesus provoziert durch seine profilierte Botschaft und durch sein Auftreten Widerstand, Widerspruch, ja Feindschaft. Aber an keiner Stelle bekämpft er seine Gegner oder stellt er ihr Existenzrecht als Personen infrage. Er ringt nicht mit ihnen, sondern um sie. Der unbedingten Eindeutigkeit in der Sache, in Sachfragen, in Fragen der Wahrheit des Evangeliums, steht eine ebenso unbedingte Toleranz gegenüber der Person des Gegners, ja selbst des Feindes gegenüber.

2. Jesus nimmt die Konflikte, die sich an seiner Sendung entzünden, auf sich. Er lässt nicht andere ausbaden, was sich an Konfliktpotenzial durch seine Vergebungsbotschaft, durch seine Praxis der Barmherzigkeit und unbedingter Nähe Gottes in der religiös aufgeladenen Atmosphäre Galiläas und Judäas ergibt – von der Gethsemane-Szene an, über das Verhör vor dem Hohenpriester bis zu seinem Leiden und Sterben am Kreuz.

In der Sache bedeutet dies für die Beantwortung unserer Frage:

- Intoleranz führt keineswegs notwendig zu Konflikt und Gewalt. Eine eindeutige, sogar absolute Position in Sachfragen bedeutet eben nicht Intoleranz gegenüber der Person, die anders denkt und lebt als ich.
- Selbst Konflikt führt nicht notwendig zu Gewalt. Entscheidend ist, ob der Sachkonflikt so in eine Beziehung eingebettet ist, dass dem Gegner deutlich ist, dass diese Gegnerschaft in der Sache nicht seine Existenz bedroht oder – weniger dramatisch – die Beziehung zwischen den beiden Konfliktpartnern bzw. -parteien infrage stellt. Entscheidend ist weiter, ob einer der Partner (oder gar beide) bereit sind, die sich womöglich aus dem Konflikt ergebende destruktive Energie auf sich zu nehmen.
- Theologisch stehen wir im Zentrum der evangelischen Rechtfertigungslehre: Gott liebt den Sünder und er hasst die Sünde, oder besser umge-

kehrt: Obwohl Gott die Sünde hasst und gerade von Jesus hier selbst ein letzter Sachgegensatz betont worden ist, liebt Gott den Sünder. Im Tod Jesu findet Gott selber einen Weg, die für den Menschen tödliche Wirkung aus diesem Konflikt zwischen Gott und Mensch auf sich selbst zu nehmen. Das nennt man Stellvertretung.

- Anthropologisch kommt es hier in der Mitte christlichen Glaubens zu einer wegweisenden Weichenstellung, die bis heute in ihrem Konfliktbearbeitungspotenzial nicht annähernd ausgeschöpft ist und einen Weg zeigt, konstruktive Beziehungen trotz womöglich schärfstem Gegensatz in der Sache zusammen-zudenken und zusammen-zuleben.

- Nur so, in der stellvertretenden Hingabe Gottes auch für den Menschen, der sich an ihm stößt und gegen ihn aufsteht, ist die Botschaft Jesu, dass Gott Liebe ist, glaubwürdig, noch mehr: nur so ist sie wahr. Jesus *ist* die Wahrheit, die er in seiner Botschaft und Praxis verkündet.

- Für die christliche Praxis bedeutet dies, dass Christen explizit zwischen Person- und Sachtoleranz unterscheiden und dass sie gerade den Menschen, zu denen sie in einem Sachgegensatz stehen, besondere Zuwendung, besondere Hilfe zum Leben schulden.

Unser Ergebnis lautet also: Exklusive Wahrheitsansprüche führen keineswegs zwangsläufig zu Konflikt und Gewalt. Gerade die in der Mitte des christlichen Monotheismus stehende Praxis des Verhaltens Jesu zu seinen Gegnern und Feinden bricht einen weitverbreiteten, Gewalt provozierenden Verhaltensmechanismus auf, nach dem derjenige mein Feind ist, der anders denkt als ich, nach dem ich alle die bekämpfen muss, die nicht meine Position vertreten.

3) Führt – *christlicher* – Monotheismus notwendig zu Herrschaft und Unterwerfung?

Es ist vor allem Karl Barth gewesen, der im Anschluss an Mk 10,45 die besondere und veränderte Bedeutung von Herr-Sein und Herrschaft herausgearbeitet hat, die sich durch die Sendung Jesu ergibt.

Nach diesem historisch und theologisch zum Kern seiner Verkündigung gehörenden Jesus-Wort,[80] das wir ja bereits betrachtet haben (vgl. S. 110), ist der Menschensohn nicht – wie zu erwarten wäre – gekommen, um sich dienen zu lassen, also den Anbetungsdienst der Menschen zu empfangen, sondern um zu dienen und sein Leben hinzugeben für die vielen.

Der Herr begegnet als Knecht. Der Herr erwirbt sich sein Recht auf Herrschaft über andere dadurch, dass er ihr Knecht wird und ihnen dient. Genauso hat Jesus im Rangstreit der Jünger, der den Kontext dieses zentralen Wortes vom Menschensohn darstellt, argumentiert: „Wer unter euch der Erste sein will, der muss zuvor euer aller Diener sein." Es liegt übrigens in der Logik der Sache, dass dabei dann diese Phase des zuvor zu erledigenden Dienstes nicht bloß eine Durchgangsstation ist, die absolviert werden muss, bevor man in die Herrschaftsposition über die anderen kommt. Genau dieses Dienen verändert ja dauerhaft mein Verhalten und mein Verständnis; es führt zu einer prinzipiell anderen, grundsätzlich in dienender Haltung geschehenden Weise des „Herrschens". Dies wirkt sich auch auf die Ämterethik und den Dienstbegriff im Neuen Testament aus. Nur der Diener ist der, der herrschen kann und darf. Nur der Dienende kann – lebensdienlich – herrschen. Diese Veränderung im Begriff der Leitung geschieht im Hinblick auf Jesus, den guten Hirten, der sein Leben gibt für seine Schafe. Paulus kann sagen: „Nicht dass wir Herren wären über euren Glauben, sondern wir sind Gehilfen eurer Freude." (2Kor 1,24)

Die Macht dieser demütigen, diene-mütigen Herrschaft ist nicht Gewalt, sondern Voll-macht, griechisch „*exousia*". „*Exousia*" ist nicht die Macht, mit der Gott tut, was er will, sondern eine Befähigung zu einem Dienst, der für andere lebensdienlich ist, ihrem Leben dient, ihr Leben rettet.

> „*Exousia*" *ist nicht die Macht, mit der Gott tut, was er will, sondern eine Befähigung zu einem Dienst, der für andere lebensdienlich ist.*

Die Herrschaft, die in Jesus begegnet und unter die er uns ruft, ist Dienst. Wenn Jesus der Herr sein will, dann bedeutet das nichts anderes, als dass er unser Leben bestimmen, in unserem Leben mitbestimmen will, indem er uns dient.

So wird durch das Auftreten Christi und seinen Gebrauch der Worte Herr und Herrschaft deren traditioneller Sinn in sein Gegenteil verkehrt: Eine „Herrschaft", die an der Frage orientiert ist, ob sie denen zum Leben dient, über die sie geschieht, ist etwas anderes als eine Herrschaft, die auf willenlose Unterwerfung ihrer Objekte abzielt.

Herrschaft ist darüber hinaus im christlichen Monotheismus begrenzt durch die Würde, die dem Menschen durch seine Gottesebenbildlichkeit widerfährt, und diese ist schließlich eschatologisch und soteriologisch unendlich gesteigert. Was Abraham als Auserwähltem widerfuhr – Freund Gottes zu sein –, das ist der Status, den Jesus seinen Jüngern generell zuspricht: „Ich nenne euch nicht mehr Knechte. Ich nenne euch Freunde."

Über Freunde herrscht man nicht. Sonst verliert man sie sehr schnell.

Schließlich, und das ist die entscheidende eschatologische, die unglaubliche Perspektive: Jesus macht uns zu seinen Brüdern, und wir dürfen durch ihn, durch seine Vermittlung Söhne Gottes sein.

4) Exklusive Wahrheit und Toleranz – konkrete Impulse für Christen

In dieser Frage bündeln sich noch einmal alle anderen Fragen. Ich versuche abschließend einige Weichenstellungen zu skizzieren. Wenn wir sie beherzigen, werden wir sehen, dass Wahrheit und Toleranz, die Botschaft von der Liebe des sich erbarmenden Gottes und die Duldsamkeit gegenüber dem Nächsten, auch dem Gegner und Feind, aufs Engste zusammengehören. Ich formuliere diese Weichenstellungen in Form von imperativischen Indikativen – von Aussagen, die eine geistliche Wirklichkeit beschreiben, die wir in unserem Leben in der Nachfolge einzuholen suchen.

Christen sind Weg-Weiser und weg-Weiser

Christen sind Weg-Weiser. Sie weisen anderen den Weg zur Erlösung und zum Heil, das nicht sie selber sind. Sie weisen anderen den Weg, indem Sie von sich weg weisen – auf Christus. Sie sind nicht selbst diese Wahrheit;

sie reden, zeugen von dieser Wahrheit. Gerade weil sie sich nicht in Person mit dieser Wahrheit identifizieren, weil sie sich nicht über sie behaupten, gerade darum können sie gelassen von ihr reden und für sie sprechen. Das bewahrt sie vor Fanatismus und Intoleranz. Gerade weil sie die Wahrheit nicht haben, weil sie ihnen nicht verfügbar ist, müssen und können sie darauf vertrauen, dass diese sich selbst beweist und sich plausibel macht – jedem, der sich auf sie einlässt. Gelassen dürfen Christen von sich wegweisen und auf den hinweisen, der die Wahrheit ist und der sich als solche bewähren will.

Finger sein, das dürfen wir. Ich denke an das Bild von Lucas Cranach, auf dem Johannes der Täufer auf Christus weist. Das Charakteristische und Auffällige an diesem Bild ist der überlange Finger, mit dem er auf Christus weist und von sich wegweist.

Finger sein,
das dürfen wir.

Christen verkündigen nicht sich selbst

Die Instanz der Bewahrheitung des Evangeliums liegt nicht in uns, nicht in unserem Leben, nicht in der Vollkommenheit, Rundheit, Perfektion unseres Lebenswandels und unserer Anschauungen. Das kann uns gelassen machen. Wir müssen nicht Profil zeigen und zu diesem Zweck möglichst viele andere abwerten, die eben als Nichtchristen dieses Profil nicht haben; wir müssen nicht beweisen, dass es Nichtchristen nicht so gut geht, dass sie nicht so gut sind wie Christen. Wir müssen für uns nicht irgendeine Form der Überlegenheit behaupten. Umgekehrt wird ein Schuh draus. Gerade der Scherbenhaufen, den unser Leben oft darstellt und der unter seiner rechtfertigenden Hand zu einem Mosaik werden kann, gerade die Schwächen, mit denen wir leben müssen, die aber zum Wirkraum für Gottes Kraft werden können, gerade die Schuld, die wir auf uns geladen haben, von der er uns aber spürbar entlastet, können zum Wegweiser und Hinweiser auf die Wirklichkeit und Lebens-Wahrheit des lebendigen Gottes werden.

Wir sind mit unserem möglichst perfekten und runden Leben keine Instanz dafür, dass Gott wirklich gut, wahr, gerecht, der Beste, Stärkste, Größte ist. Wir dürfen aber mit der Gestalt eines gerechtfertigten, entlasteten

Lebens ein „Brief Christi" sein, an dem man etwas von dem Autor dieses Briefes, von seiner helfenden und heilenden Kraft ablesen kann. Oft ist der beste Beleg für die Wirklichkeit des Christus, dass ein Mensch überhaupt noch mit sich leben kann, sich und sein Leben aushalten kann, weil er eben mit Christus unterwegs ist. Hier weist dann nichts mehr auf uns und alles auf Christus.

Paulus bringt das auf den Nenner: „Wir verkündigen nicht uns selbst." (2Kor 4,6) Was hätte er denn da verkündigen können? Nein, Paulus muss und kann damit leben, dass er der ist, der Christus selbst verfolgt hat: „Saul, Saul, was verfolgst du mich?" Petrus muss damit leben, dass er den Herrn verleugnet hat, dann, als es für den Herrn am wichtigsten gewesen wäre, in seiner Nähe zu sein.

Wir verkündigen nicht uns selbst. Es ist das Kennzeichen jeder sektiererischen Einstellung und Wahrheit, dass sie *sich, ihren* Lebenswandel und *ihre* Botschaft, mit der Wahrheit identifiziert: *Meine* Bibelauslegung und die Bibel, *meine* Worte über Gott und das Wort Gottes – sind identisch. Wenn man *mir* widerspricht, widerspricht man Gott selbst. Vor dieser Intoleranz wird bewahrt, wer Christus anschaut und immer neu und immer mehr der Distanz und Differenz zwischen ihm und uns gewahr wird. Das macht tolerant, schafft Raum, auch für andere Auslegungen, andere Annäherungen an die Wahrheit, andere Begriffe von ihr, von denen ich womöglich sogar lernen kann. Weil ich und die Wahrheit nicht identisch sind, deshalb kann es zusammen mit mir noch andere geben, die vor der Wahrheit stehen und – vielleicht von sehr unterschiedlichen Standpunkten aus – auf sie hinweisen.

Christen behaupten nicht sich selbst

Christen behaupten nicht sich selbst als die Wahrheit, auf die andere zu schauen hätten; sie behaupten nicht ihre Aussagen als die Wahrheit, die andere nun als Gottes Wort zu glauben hätten. Sie wissen, dass es sich im besten Fall bei ihrer Botschaft und in ihrem Leben nur um Annäherungen handeln kann, die anderen den Weg weisen können.

Christen behaupten nicht sich selbst – als die Wahrheit. Sie verzichten damit aber auch darauf, sich über die christliche Wahrheit selbst zu behaupten. Nicht sie selbst stehen im Mittelpunkt; nicht auf sie kommt es an, wenn es um diese Wahrheit geht. Nicht ihre pastorale Identität oder geistliche Reputation, nicht ihr theologisches Wissen oder ihre intellektuelle Brillanz stellen sie dar, wenn sie das Evangelium darstellen. Christen verzichten auf Selbst-Behauptung und Selbst-Darstellung, wenn sie darauf verzichten, die Wahrheit des Evangeliums dafür einzusetzen, die eigene Person zu erhöhen, zu überhöhen. Diese Instrumentalisierung der Wahrheit liegt ja nur allzu nahe. Der Mensch, der auch als Bekehrter noch Gott sein will, oder, wie Nietzsche sagt, „etwas Absolutes" sein will, sucht sich selbst noch über das Evangelium zur Macht zu bringen, möchte noch mittels der Verkündigung der Größe Gottes selber groß, bedeutend, göttlich werden.

Wir behaupten nicht uns selbst. Das gibt die Gelassenheit und Duldsamkeit, die anderen und anderem neben uns Raum gibt. Das verhindert eine Identifikation mit der Wahrheit, die außer uns nichts anderes als wahr stehen lassen kann.

Christen sind aus der Wahrheit, aber besitzen sie nicht

Wir stehen hier vor einer der schwierigsten erkenntnistheoretischen und theologischen Fragen. Wir kennen in der abendländischen Philosophie weithin nur das Konzept von Wahrheit als Satz-Wahrheit. Die kann man besitzen, haben.

Die Wahrheit des Christentums lässt sich zwar theoretisch abbilden, etwa in Form von theologischen Sätzen und Systemen. Aber die Wahrheit, die der christliche Glaube ist, geht darin nicht auf. Sie ist ein Raum, keine abstrakte Satzwahrheit, sondern eine Wirklichkeit. Christen leben in ihr und aus ihr. Der erste Johannesbrief sagt: „Sie sind aus der Wahrheit."

Das bedeutet wiederum, dass christliche Wahrheit nicht vermittelbar, schon gar nicht beweisbar, in möglichst korrekten Sätzen mitteilbar ist. Christen können nur einladen, in diesen Raum der Wahrheit Gottes einzutreten.

Das macht natürlich eine theoretische Formulierung der Wahrheit nicht überflüssig. Aber genauso wenig, wie jemand Christ ist, weil er das Apostolische Glaubensbekenntnis kennt, genauso wenig ist die Wahrheit des christlichen Glaubens identisch mit dem, was wir an Abstraktionen über sie formulieren.

Hier müssen Christen dem Aberglauben entgegentreten, der nahezu die gesamte abendländische Philosophiegeschichte dominiert und dem auch viele Christen und Theologen anhängen: dem Logozentrismus, der besagt, dass die Sache selber in den Worten präsent ist. Wenn die Wahrheit nur präzise genug formuliert ist, dann haben wir sie sozusagen auf theoretische Flaschen gezogen.

Die Wahrheit des biblischen Gottes ist ein Raum, in den er uns hineinstellt und den wir nie und nimmer abstrakt und allgemeingültig erfassen können. Das bewahrt vor Fanatismus und Unduldsamkeit und lässt uns füreinander zu johanneischen Fingern werden, die auf das Entscheidende weisen.

Es sei noch einmal an das anschauliche und treffende Bild von Daniel T. Niles erinnert (vgl. S. 35): Verkündigung des Evangeliums, das ist so, wie wenn ein Bettler dem anderen zeigt, wo es etwas zu essen gibt. Wir sind Bettler – das war der letzte Satz, den Martin Luther am Tag seines Todes zu Papier gebracht hat –, aber solche, die immer wieder satt geworden sind und die anderen zeigen können, wo sie Lebens-Mittel bekommen haben. Das zu verschweigen wäre nicht nur egoistisch, sondern inhuman, nicht tolerant, sondern sehr intolerant, weil es dem anderen seine Lebensmöglichkeiten und Lebensperspektiven beschneidet.

Christen re-präsentieren die Wahrheit als „dabar": Wort und Ereignis

Die Wahrheit des christlichen Glaubens ist sehr viel mehr, ja etwas ganz anderes als ein System von Unterscheidungen zwischen wahr und falsch. Gottes Wort ist nicht abstrakt zu fassen. Es ist, was es sagt. Es macht satt. Es wird Ereignis, wo es laut wird; es stiftet heilvolle, lebensdienliche Wirklichkeit. Diese Wirklichkeit grenzt nicht aus, sie bezieht ein. Hier dürfen und hier sollen auch noch andere satt werden. Es entspricht ihrem heilvollen und helfenden Wesen, dass sie nicht auf abstrakte, theoretische Unterscheidungen und Definitionen und entsprechende soziale Trennungen abzielt, sondern Menschen in den Schalom-Raum wahren Lebens einlädt. Um es paradox zu sagen: Natürlich können wir nicht darauf verzichten zu sagen: Dieses Heil finden wir allein in der Realität des Jesus Christus („Du musst genau dahin gehen, um die Essensausgabe zu finden") – aber eben dieser Satz, diese Wegbeschreibung ist – so wahr sie ist – nicht das Heil, nicht die Wahrheit, auf deren Teilhabe es ankommt. Richtige Sätze zu sagen bedeutet nicht die Rettung. Entscheidend ist die Teil-habe an der Wirklichkeit, in der der lebendige Gott sich mitteilt. Nicht Ausgrenzung, sondern diese Einladung, doch ebenfalls satt zu werden, macht das Wesen christlichen Zeugnisses von einer Wahrheit aus, die wir nicht haben, aber aus der wir – Gott gebe es! – sind und leben dürfen.

Richtige Sätze zu sagen bedeutet nicht die Rettung. Nicht Ausgrenzung, sondern Einladung.

Ludwig Wittgenstein sagt: Die Bedeutung eines Wortes ist sein Gebrauch in der Sprache. Mit anderen Worten: Was ein Wort sagt, das erkennen wir daran, wie es gebraucht wird, welchen Lebenskontext es hat. Wittgenstein spricht vom Sprachspiel. Was christlicher Glaube ist, was Wahrheit, was Liebe ist, das lässt sich nicht abstrakt definieren; das zeigt sich dort, wo diese Worte konkrete Bedeutungen erlangen im Sprachspiel des Glaubens. Nicht um abstrakte, dogmatische Wahrheiten geht es, sondern darum, diesen Glauben konkret zu leben und so der Wahrheit, an die wir glauben, eine einsehbare, erfahrbare, nachvollziehbare Bedeutung zu geben.

Um einem möglichen Missverständnis zu wehren: Dass Christen in ihrem (Zusammen-)Leben dieses Wort re-präsentieren, bedeutet eben nicht, dass sie sich mit ihm identifizierten, auch nicht, dass sie unter dem Druck ständen, es präsent zu machen. Es bedeutet aber sehr wohl, dass dort, wo Menschen in ihrem Leben Gott Raum geben und an seiner Schalom-Wirklichkeit teilnehmen, durch ihr Leben etwas von dieser heilvollen Wirklichkeit aufscheint, dass darum ihr Wort auch eine soziale Gestalt gewinnt, dass ihr über sich selbst hinausweisendes Zeugnis Evidenz bekommt durch den Gott, von dem sie zeugen, dass durch dieses immer schwache, angefochtene, verwechselbare Zeugnis-Wort Gott in dieser Welt erkennbar wird.

Christen wissen um Christus als ein Wort unter anderen, aber nicht als ein Wort wie alle anderen. Und das zeigt sich!

Christus ist Mensch unter Menschen geworden, in seiner Gestalt wie ein Mensch erfunden (Phil 2). Sein Wort ist laut geworden inmitten von vielen anderen Worten. Man hat es diesem Jesus nicht angesehen, dass Gott selbst in ihm präsent war, der ja der Form nach ein Messias-Kandidat unter vielen anderen des 1. Jahrhunderts war und wie sie auch von den Römern verfolgt wurde und gestorben ist. Jesus musste nicht erzwingen, dass er als Wort Gottes anerkannt wird, dass ihm göttliche Geltung zukommt, indem er allen Widerspruch beseitigt oder Machtmittel welcher Art auch immer anwendet, um diese Wahrheit zu sichern. Wie Jesus also auf jedes Privileg und Monopol verzichtet hat, durch das seine himmlische Würde allen unbezweifelbar evident gewesen wäre (ein pneumatischer Lichtleib, einige sichtbare Legionen Engel etc.), so sind auch Christen nicht darauf angewiesen, um Monopole und Privilegien zu kämpfen und andere Positionen, Religionen und Weltanschauungen zu verdrängen oder zurückzudrängen. Dass Jesus das eine Wort Gottes ist, das zeigt sich vielmehr da, wo Menschen auf dieses Wort hören und sich ihm öffnen. Jesus – das ist das leise, das schwache Wort, das Vollmachtswort, das uns dienen will, wenn wir es zulassen, aber nicht das Machtwort, das sich zur Not mit Gewalt durchsetzt, um die Anerkennung seiner Geltung sicherzustellen.

Dass Jesus das eine Wort Gottes ist, das zeigt sich da, wo Menschen auf dieses Wort hören und sich ihm öffnen.

Christen sind tolerant andersdenkenden Personen gegenüber, aber überzeugt von ihrer Wahrheit

Um des Nächsten willen bekennen Christen unbedingt die Wahrheit, aus der sie leben. Toleranz in der Sache wäre Verrat am Nächsten, der doch auch diesen Zugang, diese Teilhabe am Schalom braucht, um leben zu können. Wenn es um die Sache geht, ist der Begriff Toleranz fehl am Platze, er ist schlicht eine unangemessene Kategorie.

Ebenso unbedingt ist der Christ zur Toleranz gegenüber der Person des Nächsten verpflichtet. Je größer, je heftiger die Gegensätze in der Sache sind, umso mehr werden sich Christen um eine Zuwendung bemühen, die dem anderen zeigt, dass und wie Christen in der Nachahmung Christi zwischen Person und Werk, Annahme des anderen als anderen und kritischer Auseinandersetzung mit seiner Position zu unterscheiden wissen.

Christen sind bereit zum martyrion als Martyrium

Wie Christus sind Christen bereit, im Ernstfall das Konfliktpotenzial, das sich aus den Sachgegensätzen ergibt, auf sich zu nehmen und im Extremfall auch an diesen Konflikten nicht nur psychisch und nervlich zu leiden, sondern auch zu sterben. Sehr vielen Christen wird diese Bereitschaft zur Stunde konkret abverlangt.[81]

Schon die alte Kirche wusste, was Tertullian in das Wort fasst: *Das Blut der Märtyrer ist der Same der Kirche.*[82] Kommunikation des Evangeliums, Ausbreitung der Wahrheit, vollzieht sich durch Leiden und gegebenenfalls Sterben hindurch.

Schon im Sprachgebrauch schlägt sich diese zentrale Erfahrung in der Geschichte der Kirche darin nieder, dass das *martyrion*, also das Zeugnis, zum Grundwort für das Martyrium, das Leiden um Christi willen, geworden ist.

Christen achten ihre Gesprächspartner und beleidigen sie nicht durch Gleichgültigkeit

Der Zusammenhang von Wahrheit und Toleranz, Zeugnis für die Wahrheit des Evangeliums und Achtung vor dem Nächsten als Person zeigt sich noch in einem anderen Sachverhalt. Mit einem bekannten Wort Goethes aus „Dichtung und Wahrheit" gilt: „Dulden heißt beleidigen." Die bloße Duldung des anderen ist gerade kein Zeichen eines besonderen Respektes. Das so oft geforderte Stehen-Lassen des anderen kann auch Zeichen einer

Gleichgültigkeit sein, die den anderen gerade nicht ernst nimmt. Es gibt eine bequeme Toleranz, die sowohl die *Position* übergeht, indem sie auf deren Erörterung verzichtet, als auch die *Person* des anderen in ihrer Bedürftigkeit übersieht.

Echte Toleranz im Sinne von Achtung vor dem anderen sucht das – auch kontroverse – Gespräch mit ihm und nimmt ihn gerade darin ernst, dass es sich auf eine Auseinandersetzung mit ihm einlässt.

Echte Toleranz im Sinne der Achtung, des Achtens auf den anderen, für den ich Verantwortung trage, geht nicht an seiner Lebenslage vorbei. Echte Toleranz im Sinne einer Wertschätzung des anderen verschweigt diesem nicht, wo Korrektur, Hilfestellung und Lebenswende notwendig sind. Wo Gleichgültigkeit im Namen scheinbarer Toleranz oft der einfachere Weg ist, scheut engagierte Nächstenliebe nicht die Intervention und den Konflikt. Ob es sich tatsächlich um Nächstenliebe oder nur angemaßte Dominanz handelt, muss sich freilich zeigen, zum einen daran, ob diese Zuwendung auch „etwas kosten" darf, und zum anderen, wie sie dem Nächsten begegnet. Nur im Modus der Bitte, der Demut und des Dienens entspricht sie dem Vorbild und der Weisung Jesu (vgl. Mk 10,45; Phil 2,5ff.).

Christen bekennen die Wahrheit in Liebe

Paulus sagt sinngemäß: Intoleranz gegenüber der Person des Nächsten ist absolut fehl am Platz: Wir bekennen die Wahrheit – in Liebe. Das hat einen Sachgrund. Medium und Botschaft gehören aufs Engste zusammen. Wer dem Nächsten die Wahrheit des Evangeliums wie ein nasses Tuch um die Ohren schlägt, der sagt ihm nicht mehr das Evangelium. Der hat dieses lange verloren. Das Evangelium kann ich nur so kommunizieren, dass die Art und Weise, in der ich es mit-teile, seinem Inhalt entspricht. Noch einmal: Form und Inhalt, Medium und Aussage gehören zusammen. Genau diese Einheit sehen wir bei Jesus verwirklicht. Jesus sagt uns die Wahrheit von dem Gott, der die Liebe ist, und er lebt diese Wahrheit so, dass wir sie glauben und annehmen können.

V. Zum Schluss: Versuch eines Fazits

Unser Thema „Gott ohne Gewalt" steht im Schnittpunkt ganz unterschiedlicher, aber in jedem Fall wichtiger Gesprächszusammenhänge der Gegenwart:

* Ist Religion, ist der Glaube an Gott gewalttätig? Ist Religion gar gefährlich? Speziell der Monotheismus mit seinen aus Prinzip absoluten, universalen und exklusiven Geltungsansprüchen gibt hier zu denken.

* Kann sich eine Religion, die Gewalt anwendet, kann sich speziell das Christentum vielleicht sogar auf seine heiligen Schriften berufen für die Legierung von Liebe und Gewalt, die für seine Geschichte so charakteristisch zu sein scheint?

* Hat der Monotheismus nicht auch als persönliche Religionsform etwas ungeheuer Bedrängendes? Wie kann man sich dagegen wehren, dass er den Menschen nicht total besitzt, besetzt und dass solchermaßen „besessene Menschen" dann viel Unheil anrichten und auch ihr eigenes Leben unheilvoll gestalten? Ist dieser Wahrheitsmonismus nicht die Ursache von Intoleranz, Konflikt und Gewalt?

* Und steht nicht gerade in der Mitte des christlichen Glaubens ein Symbol, das eine Wirklichkeit vergegenwärtigt, die an Intoleranz, Brutalität, Gewalt überhaupt nicht zu überbieten ist? Wie kann ein solches Kreuz Heilsbedeutung haben?

* Können wir in einer multireligiös und multikulturell bestimmten und organisierten Gesellschaft nicht nur dann friedlich zusammenleben, wenn wir Toleranz zum Leitwert machen und die Frage nach der einen Wahrheit relativieren?

* Kann man das heute, in postmoderner Zeit, überhaupt noch denken: die – eine – Wahrheit? Wer kann sie denn kennen? Gibt es sie überhaupt? Und sind nicht alle Geltungsansprüche und Wahrheitsbehauptungen in Wahrheit nur verkappte Selbst-Behauptungen?

Mit diesen Fragen setzten wir ein. Wir haben gesehen: Wir können sie nicht einfach vom Tisch wischen. Wir müssen uns ihnen stellen, wenn wir denn mit unserem christlichen Zeugnis in dieser Gesellschaft bestehen und nicht nur eine mehr oder weniger geduldete Nischenexistenz fristen wollen:

1. Alles Nachdenken über Gott und Gewalt muss von der Mitte des christlichen Glaubens, von dem gekreuzigten Jesus Christus ausgehen.

2. Am Kreuz sehen wir nun gerade nicht den Gott, der Gewalt übt, sondern allein den Gott, der die Gewalt und ihre Leben vernichtenden Folgen auf sich nimmt und unseren Tod auf sich zieht.

3. Gerade am Kreuz wird die Gewalt der Gewalt greifbar; gerade am Kreuz zeigt sich, dass eine Welt in Auflösung begriffen ist, die bestimmt ist durch Selbstbehauptung und Selbstdurchsetzung, Willen zur Dominanz und Willen zur Macht.

4. Gerade das Kreuz zeigt einen Weg heraus: den Weg, den der „Gott ohne Gewalt" geht; der Gott, der nicht vernichtet, auch wenn er es könnte, der vielmehr die aggressiven Akte der Menschen auf sich zieht, um die Perspektive eines ewigen Friedens zu schaffen.

5. Genau darin ist Jesus nicht nur das Geheimnis, sondern auch und vor allem die Wahrheit der Welt; die Wahrheit, an der sie heil werden kann. Es wäre nicht nur Unsinn, es wäre töricht, ja ein Verbrechen, ihr diese Wahrheit vorzuenthalten.

6. Gerade das Kreuz zeigt, dass *diese Wahrheit* nicht Intoleranz nach sich zieht. Denn so wenig Jesus beliebig in der Sache ist, so wenig er das um der Menschen willen sein darf, so sehr übt er Toleranz gegenüber der Person; verhält er sich tolerant auch gegenüber den Menschen, die ganz anders denken als er und sich in einen Widerspruch setzen zu ihm. Jesus *erträgt,* er *toleriert* das. In seinem Leiden und Sterben zieht Jesus die Konflikte, die sich aus seinem Wahrheitsanspruch ergeben, auf sich; er lässt nicht andere für seine Wahrheit leiden, sondern erträgt ihren Widerspruch, ohne sich zu wehren und zurückzugeben.

7. Gerade an Jesus zeigt sich: Wir brauchen Wahrheit, wir brauchen nicht nur Meinungen; wir brauchen Orientierung; wir dürfen die Menschen nicht unwidersprochen der Orientierungslosigkeit vieler Wahrheiten preisgeben, in der alle Katzen grau, alle Wahrheiten genauso wahr wie falsch sind und sich letztlich doch wieder nur der Stärkste durchsetzt.

8. Gerade die Geschichte des Kreuzes zeigt aber auch: Religion kann sehr wohl, sie kann furchtbar gewalttätig sein. Im Namen des Kreuzes ist

tatsächlich religiöse Gewalt ausgeübt worden und religiöser Fanatismus hat im Namen des Kreuzes schwere Schuld auf sich geladen. Große Teile der Geschichte der christlichen Kirche zeigen, wie sehr religiöser Glaube, auch christlicher Glaube, in der Gefahr der Perversion steht.

9. Das Kreuz, an das wir alle Jesus bringen, indem wir dem Wort Gottes so viele Wider-Worte entgegensetzen (Hebr 12,3), ist letzter Ausdruck des Widerspruchs und Widerstandes, mit dem wir Menschen Gott begegnen. Die unvorstellbare Gewalt, die uns im Kreuz begegnet, ist unsere Gewalttätigkeit. Und sie trifft Gott selber!

10. Der Gekreuzigte, der der Ehebrecherin den Urteilsverzicht gewährt (Joh 8,1ff.), weist aber auch den Weg, wie wir aus der Spirale der Gewalt, der Vergeltung, der Konflikt auslösenden Wahrheits- und Selbstbehauptungen herauskommen können. Da, wo wir ihm, der Wahrheit Gottes über unsere Welt, begegnen und einsehen müssen: „Mein eigenes Leben ist verwirkt", da verzichten wir auf die Urteilssprüche über andere. Da können wir aber auch auf Selbstrechtfertigungen über die Verurteilung aller anderen verzichten, weil in Jesus Gott selbst uns freispricht von Schuld und neue Lebensmöglichkeiten stiftet.

11. Wer dem Gott, der sich uns in Jesus in Person offenbart, folgt, wird darauf verzichten, sich über seine Religion „selbst zu behaupten"; er wird nicht seine eigene religiöse Wahrheit durchzusetzen und anderen aufzudrängen suchen. Er wird die Wahrheit bekennen, bezeugen, leben im Medium der Liebe, aus der er selber lebt.

Anmerkungen

Vorwort

[1] Christopher Hitchens: *Der Herr ist kein Hirte: Wie Religion die Welt vergiftet*, München 2007.

I. Glauben an die eine Wahrheit in postmodernen Zeiten (S. 11-48)

[2] Vgl. Die *Regensburger Rede* Papst Benedikts XVI. vom 12. September 2006 (Volltext im Internet: http://www.vatican.va/holy_father/benedict_xvi/speeches/2006/september/documents/hf_ben-xvi_spe_20060912_university-regensburg_ge.html, Zugriff am 07.05.2009).

[3] Wulff Rehfus, *Die Vernunft frißt ihre Kinder*, Hamburg 1990, 257.

[4] „Monismus" und „monistisch" werden in diesem philosophisch-erkenntnistheoretischen Zusammenhang in einer besonderen Weise und etwas anders gebraucht, als das früher und sonst üblich war und ist. „Monismus" meint in diesem Zusammenhang nicht die atheistisch ausgerichtete, reduktionistische Weltanschauung, die etwa um die Wende vom 19. zum 20. Jahrhundert vertreten wurde und die zur Zeit bei Richard Dawkins und Gleichgesinnten fröhliche Urständ feiert und mit der sich v. a. Karl Heim auseinandersetzte. Monismus meint als Vernunftmonismus und Monotheismus die antinihilistische Überzeugung (und Hoffnung), dass es nur eine Wahrheit und ein Absolutes („Gott") gibt und nicht viele Wahrheiten und viele Absoluta.

[5] Wolfgang Welsch, „Postmoderne – Pluralität als ethischer und politischer Wert"; in: Jörg Albertz (Hrsg.), *Aufklärung und Postmoderne. 200 Jahre nach der französischen Revolution das Ende aller Aufklärung?*, Berlin 1991, 10.

[6] Vgl. Ernst Wolfgang Bockenförde, „Die Entstehung des Staates als Vorgang der Säkularisierung", in: ders., *Staat, Gesellschaft, Freiheit. Studien zur Staatstheorie und zum Verfassungsrecht*, Frankfurt 1976, 42-64.

II. Glauben an den einen Gott im Angesicht der Monotheismus-Kritik (S. 49-82)

[7] Vgl. zum Phänomen aus theologischer Sicht: Regina Polak: *Religion kehrt wieder. Handlungsoptionen in Kirche und Gesellschaft*, Ostfildern 2006; Paul Michael Zulehner: „Wiederkehr der Religion?", in: Hermann Denz (Hg.): *Die europäische Seele. Leben und Glauben in Europa*, Wien 2002, 23-41; Ulrich Körtner: *Wiederkehr der Religion? Das Christentum zwischen neuer Spiritualität und Gottvergessenheit*, Gütersloh 2006; aus philosophischer Sicht: Jacques Lacan: *Der Triumph der Religion, welchem vorausgeht, der Diskurs an die Katholiken*, Wien 2006; „Zur Bedeutung der Religion. Stellungnahmen von Ludger Honnefelder, Herbert Schnädelbach, Peter Strasser und Christoph Türcke, in: information philosophie Juni 2007" (H.2), 66-71.

[8] Jetzt erschienen in: Michael Reder/Josef Schmidt (Hrsg.): *Ein Bewusstsein von dem, was fehlt. Eine Diskussion mit Jürgen Habermas,* Frankfurt a.M. 2008.

[9] *Stern, Die Zeit, Focus* (abgesehen von den üblicherweise weltanschaulich-religiösen Themen gewidmeten Jahreswechselheften).

[10] Vgl. das Themenheft Nr.3 des 40. Jahrgangs der Zeitschrift *Theologische Beiträge.*

[11] Vgl. das Interview mit Andrea Nahles in: Die Zeit 14/2009, 25, mit der Überschrift „Links, katholisch, kämpferisch".

[12] Vgl. Jürgen Habermas, *Über Glauben und Wissen und den Defaitismus der modernen Vernunft,* in: Neue Züricher Zeitung 10.02.07 [Nr. 34], 71;
ders.: *Glauben und Wissen. Friedenspreis des Deutschen Buchhandels,* Frankfurt 2001;
ders.: „Die Grenze zwischen Glauben und Wissen. Zur Wirkungsgeschichte und aktuellen Bedeutung von Kants Religionsphilosophie", in: ders.: *Zwischen Naturalismus und Religion. Philosophische Aufsätze,* Frankfurt a.M. 2005, 216-257.

[13] Vgl. Jacques Derrida, „Glaube und Wissen. Die beiden Quellen der ‚Religion' an den Grenzen der bloßen Vernunft", in: ders./Gianni Vattimo (Hrsg.): Die Religion, Frankfurt a.M. 2001, 9-106;
ders.: „Den Tod geben", in: Anselm Haverkamp (Hrsg.): *Gewalt und Gerechtigkeit: Derrida – Benjamin,* Frankfurt a.M. 1994, 331-445;
ders.: *As if I were Dead. An Interview with Jacques Derrida/Als ob ich tot wäre. Ein Interview mit Jacques Derrida,* hg. von Ulrike Oudée Dinkelsbühler (u. a.), Wien 2000;
vgl. dazu: John D. Caputo: *The Prayers and Tears of Jacques Derrida: Religion without Religion,* Bloominton/Indianapolis 1997; Peter Zeilinger/Matthias Flatscher (Hrsg.): *Kreuzungen Derridas. Geistergespräche zwischen Philosophie und Theologie,* Wien 2004,
sowie die Beiträge von Samuel Weber, Bettine Menke und Christoph Menke in: Haverkamp: *Gewalt und Gerechtigkeit.*
Auf die christologischen und näherhin messianischen Implikationen im Gerechtigkeitsdenken Derridas habe ich hingewiesen in: Heinzpeter Hempelmann: *„Was sind denn diese Kirchen noch …?" Christlicher Wahrheitsanspruch vor den Provokationen der Postmoderne,* Wuppertal 2. Aufl. 2008, 282-300.

[14] Gianni Vattimo, *Jenseits des Christentums. Gibt es eine Welt ohne Gott?* [amerik. Orig. 2002] München/Wien 2004;
ders.: „Heilsgeschichte, Geschichte der Interpretation", in: ders.: *Abschied. Theologie, Metaphysik und die Philosophie heute,* Wien 2003, 154-167.

[15] Vgl. das Interview mit dem Dalai-Lama: Wie werde ich ein glücklicher Mensch?, in: Bild 8, Mai 2007, 7.

[16] Norbert Bolz, *Das Wissen der Religion. Betrachtungen eines religiös Unmusikalischen,* München 2008.

[17] Martin Walser, „Ich vertraue. Querfeldein/Über das Gift der Verachtung gegen das Nächste", in: NZZ, 10.10.1998, 65.

[18] Odo Marquard, „Lob des Polytheismus. Über Monomythie und Polymythie", in:

ders.: *Abschied vom Prinzipiellen. Philosophische Studien,* Stuttgart 1981, 91-116. Vgl. zuletzt ders.: *Individuum und Gewaltenteilung, Philosophische Studien,* Stuttgart 2004, 68-90; 114-123.

[19] Marquard, *Individuum und Gewaltenteilung.*

[20] Marquard, „Lob des Polytheismus", 98.

[21] Ebd.

[22] Ebd., 98f.

[23] Ebd., 100.

[24] Ebd., 102.

[25] Ebd., 107.

[26] Ebd., 98.

[27] Ebd., 98.

[28] Skeptiker, 7.

[29] Ebd., 8.

[30] Die wohl jüngste Äußerung Assmanns findet sich in: „Gesetz, Gewalt und Monotheismus", in: *Theologische Zeitschrift 2006/4,* 475-486.

[31] Jan Assmann, *Die Mosaische Unterscheidung oder der Preis des Monotheismus,* München/Wien, 2003, 29.

[32] Ders., *Moses der Ägypter: Entzifferung einer Gedächtnisspur,* Darmstadt 1998, 18.

[33] Ders., *Moses der Ägypter,* 17.

[34] Ders., *Die Mosaische Unterscheidung,* 35.

[35] Ders., *Moses der Ägypter,* 19.

[36] Ebd.

[37] Ebd.

[38] Ebd.

[39] Ders., „Gesetz, Gewalt und Monotheismus", 485f.

[40] Vgl. Interview mit dem Dalai-Lama, „*Wie werde ich ein glücklicher Mensch?*", in: Bild 8. Mai 2007, 7.

[41] Vgl. zur Debatte: Mark A. Gabriel, *Islam und Terrorismus: Was der Koran wirklich über Christentum, Gewalt und die Ziele des Djihad lehrt,* Gräfelfing 3. Aufl. 2005; Reinhard Hempelmann: „Missionsverzicht – keine Voraussetzung für den Dialog", in: *Materialdienst der Evang. Zentralstelle für Weltanschauungsfragen,* 4/07,123: Johannes Kandel: „Wie reden wir über ‚den Islam'? Anmerkungen zur aktuellen Islam-Debatte", in: *Materialdienst der Evang. Zentralstelle für Weltanschauungsfragen,* 3/07, 83-96; Henning Wrogemann: „Missionarischer Islam und gesellschaftlicher Dialog", in: *Theologische Literaturzeitung,* 132. Jg./H.4 (April 2007), 387-399.

[42] Vgl. die unbequeme, für viele nicht politisch korrekte Darstellung bei Mark A. Gabriel: *Islam und Terrorismus. Was der Koran wirklich über Christentum, Gewalt und die Ziele des Djihad lehrt,* Gräfelfing 3. Aufl. 2005, sowie bei Christine Schirrmacher: *Herausforderung Islam. Der Islam zwischen Krieg und Frieden,* Holzgerlingen 2002. Sie weist nicht nur ebenfalls darauf hin, dass es *den* Islam nicht gibt (ebd., 26ff.),

sondern macht auch deutlich, auf welche Bandbreite an Bedeutungen von „djihad"
sich Muslime unterschiedlicher Richtungen in der islamischen Tradition beziehen
können (ebd., 47-71).

[43] Assmann, *Die Mosaische Unterscheidung*, 24.

[44] Joseph Ratzinger/Benedikt XVI.: *Glaube und Vernunft. Die Regensburger Vorlesung*,
kommentiert von *Gesine Schwan, Adel Theodor Khoury, Karl Kardinal Lehmann*, Frei-
burg i.Br./Basel/Wien 2006, (11-32) 17f.

[45] Aristoteles, *Metaphysik*, 1076a.

[46] *Illias*, II. Gesang, Vers 204. Zur Analyse vgl. meine Überlegungen in: „*Was sind denn
diese Kirchen noch ...?" Christlicher Wahrheitsanspruch vor den Provokationen der Postmoderne*, 2. Aufl. Wuppertal 2008, 239ff. („Monarchische Vernunft und monotheistischer Gottesglaube").

[47] Marquard, *Lob des Polytheismus*, 110.

[48] Ernst Block, *Atheismus im Christentum. Zur Religion des Exodus und des Reichs* (1968),
Reinbek bei Hamburg 1970, 79-118; ders.: *Das Prinzip Hoffnung*, Frankfurt a.M.
1959, 1392-1550.

[49] Martin Walser: „Ich vertraue. Querfeldein/Über das Gift der Verachtung gegen das
Nächste", in: NZZ, 10.10.1998, 65

[50] Vgl. zur animistischen Weltangst: Lothar Käser: *Animismus. Einführung in seine be-
grifflichen Grundlagen*, Erlangen/Bad Liebenzell 2004.

[51] Johannes Calvin, *Unterricht in der christlichen Religion*, übers. u. bearb. von O. Weber, Neukirchen 2. Aufl. 1963, 53, I,12,3 (Kap. 11).

[52] Johann Georg Hamann, *Aesthetica in nuce*, N II 206, 24.

[53] Assmann, *Die Mosaische Unterscheidung*, 32.

III. Glauben an den einen Gott, der sich in Christus offenbart (S. 83-117)

[54] Franz Buggle, *Denn sie wissen nicht, was sie glauben. Oder warum man redlicherweise
nicht mehr Christ sein kann. Eine Streitschrift*, Reinbek bei Hamburg 1992; überarb. u.
erw. Neuaufl. Aschaffenburg 2004. (Zitiert wird nach der ersten Auflage.)

[55] Ebd., 33.

[56] Vgl. v. a. ebd., 21-189.

[57] Ebd., 36.

[58] Ebd., 197f.

[59] Vgl. Assmann: „Gesetz, Gewalt und Monotheismus".

[60] Vgl. Luise Schottroff/Dorothee Sölle/Elisabeth Moltmann-Wendel: Art. „Kreuz", in:
Elisabeth Gössmann (u. a.): *Wörterbuch der Feministischen Theologie*, Gütersloh 1991,
225-236, sowie ebd. Dorothee Sölle, die im Artikel „Leiden/Opfer" zu Sachkritik
kommt, die religionskritisch nicht zu überbieten ist (241-243).

[61] Vgl. die Darstellung der Debatten in: Jörg Frey/Jens Schröter (Hrsg.): *Deutungen
des Todes Jesu im Neuen Testament*, Tübingen 2005 (v. a. die Beiträge von Nüssel und
Wolter).

Eine explizite systematisch-theologische Kritik an der Sühnebedeutung des Todes Jesu übt Ingolf U. Dalferth: „Sühnopfer: Die Heilsbedeutung des Todes Jesu", in: ders.: *Der auferweckte Gekreuzigte. Zur Grammatik der Christologie*, Tübingen 1994, 237-315. Ein Überblick über die biblisch-theologische Debatte findet sich bei Bern Janowski, „,Hingabe' oder ‚Opfer'? Die gegenwärtige Debatte um die Deutung des Todes Jesu", in: Rudolf Weth (Hrsg.): *Das Kreuz Jesu. Gewalt – Opfer – Sühne*, Neukirchen-Vluyn 2001, 13-43. Janowski resümiert explizit, „dass wir … zur Sachkritik an problematischen Aussagen unserer theologischen und kirchlichen Tradition genötigt sind" (ebd., 43). Dies schließt für ihn Aussagen der Confessio Augustana mit ein.

62 Interview für „chrismon plus rheinland" 4/2009, 46. Vgl. zum theologiegeschichtlichen Hintergrund: W. Schütte: Die Ausscheidung der Lehre vom Zorn Gottes in der Theologie Schleiermachers und Ritschls, in: *NZsTh 10* (1968), 387-389.

63 Vgl. den Beschluss des Bundesverfassungsgerichtes vom 16.05.1995 (- I BvR 1087/91, erschienen in BVerfGE 93/1).

64 Buggle, *Streitschrift*, 39.

65 Vgl. dazu die Studie von Carl Heinz Ratschow, „Das Heilshandeln und das Welthandeln Gottes. Gedanken zur Lehrgestaltung des Providentia-Glaubens in der evangelischen Dogmatik", zuerst erschienen in: *Neue Zeitschrift für systematische Theologie 1* (1959), 25-80, nachgedruckt in: ders.: *Von den Wandlungen Gottes. Beiträge zur systematischen Theologie*, hg. von Christel Keller-Wentorf und Martin Repp, Berlin/New York 1986, 182-243.
Vgl. jetzt Wilfried Härle: „Luthers Zwei-Regimentenlehre als Lehre vom Wirken Gottes", in: ders.: *Spurensuche nach Gott. Studien zur Fundamentaltheologie und Gotteslehre*, Berlin/New York 2008, 257-285.

66 Vgl. zum Folgenden und zum Sachverhalt: Jörg Jeremias: *Die Reue Gottes. Aspekte alttestamentlicher Gottesvorstellung*, Stuttgart 1975, 3. Aufl. Neukirchen 2002; ders.: Der Zorn Gottes im Alten Testament. Das biblische Israel zwischen Verwerfung und Erwählung, Neukirchen 2009 (BSt, 104).

67 Vgl. zum Folgenden Aristoteles, *Metaphysik*, Buch Lambda (12), Kap. 6 und 7, 1069a-1073a.

68 Vgl. zum Gottesbegriff des Aristoteles die klassische Darstellung von Klaus Oehler: *Der Unbewegte Beweger des Aristoteles*, Frankfurt a.M. 1984, und die neuere Monografie von Michael Bordt: *Aristoteles'„Metaphysik XII"*, Darmstadt 2006.

69 Thomas von Aquin, *Summa theologiae I 2.3* (Erster Teil, zweite Frage, Artikel drei).

70 Vgl. dazu Heinzpeter Hempelmann: „*Unaufhebbare Subjektivität Gottes". Probleme einer Lehre vom concursus divinus, dargestellt anhand von Karl Barths „Kirchlicher Dogmatik"*, Wuppertal 1992.

71 Buggle, *Streitschrift*, 38.

72 Lydia Icke-Schwalbe (Hrsg.), *Die Erzählungen von Visnu. Indische Mythen und Legenden aus dem Bhagavata Purana und Überlieferungen aus Tamilnadu und Orissa*, München 1990.

[73] „Nondum considerasti, quanti ponderis sit peccatum" (Cur Deus Homo 1,21).

[74] Vgl. Hans-Martin Rieger, „Die Passion Christi. Systematisch-theologische Denkanstöße für die kirchliche Praxis", *Theologische Beiträge 35* (2004; Heft 5), 262–282; ders.: „Der Gottesdienst des Gekreuzigten. Zum systematisch-theologischen Problemniveau von Anselms ,Cur deus homo'", in: *Neue Zeitschrift für systematische Theologie 47* (2005), 173-197.

[75] Diese Überlegungen habe ich weiter ausgeführt und begründet in: „Das personal gedachte Böse", in: *Zeitzeichen*, 8. Jg., Juni 2007, S. 27-28.

[76] Vgl. Martin Hengel, *War Jesus Revolutionär?*, Stuttgart 1970.

[77] Vgl. Heinzpeter Hempelmann, *Wahrheit ohne Toleranz – Toleranz ohne Wahrheit? Chancen und Grenzen des Dialogs mit Andersgläubigen*, Wuppertal 2. Aufl. 1997.

[78] Vgl. zu diesen überaus wichtigen und spannenden Fragen Heinzpeter Hempelmann: *„Wir haben den Horizont weggewischt". Die Herausforderung: Postmoderner Wahrheitspluralismus und christliches Wahrheitszeugnis,* Wuppertal 2008 (Wie die wahre Welt zur Fabel wurde; Bd. 1), Kap. 7, V.

[79] Jörg Jeremias hat gerade in einem bemerkenswerten Aufsatz gezeigt, wie sich in prophetischer Reflexion des späten Alten Testamentes die Erwartung eines „(Gerichts-) Tages JHWHs" mit der Erwartung unbedingten Heils und unbedingter Rechtfertigung verbinden kann (ders.: Gottes Zorn – eine unbeliebte Gottesaussage des Alten Testaments, in: ThBeitr (40. Jg.) Heft 5 (2009).

Um in eschatologischer und soteriologischer Hinsicht die Karten und die Interessen offenzulegen: Ich behaupte keine *apokatastasis pantoon,* frage aber danach, wie Gott auch im Eschaton seiner Wesensoffenbarung in dem Jesus aus Nazareth treu sein kann. Ich halte die Überwindung der „Feinde" und des Widerstandes gegen Gott als zentrales Anliegen einer christlichen Gotteslehre und christlichen Geschichtstheologie fest, frage aber danach, wie diese Überwindung, apokalyptisch gesprochen: der *Sieg Gottes* – in einem spezifisch christlichen, vom Sein Gottes als Liebe bestimmten Weise gedacht werden kann. Ich halte an dem klassischen Gottesprädikat der *Allmacht* Gottes fest, möchte dessen Semantik aber nicht durch offenbarungsfremde Bestimmungen füllen, sondern im Ausgang von der Mitte der Offenbarung des christlichen Gottes als Liebe.

IV. Glauben an ein tolerantes Zeugnis für die eine Wahrheit, Christus (S. 118-135)

[80] So Peter Stuhlmacher.

[81] Vgl. die von Thomas Schirrmacher herausgegebene Dokumentation *Märtyrer 2006. Das Jahrbuch zur Christenverfolgung heute,* Wetzlar 2006, sowie ders.: *Christenverfolgung heute,* Holzgerlingen 2008.

[82] Eigentlich: *„Sanguis martyrum, semen christianorum!"* – Das Blut der Märtyrer ist Same für neue Christen. (vgl. Tertullian, Apologie 50, 13; CCL 1, 171).

Heinzpeter Hempelmann

Gott im Milieu

Wie Sinusstudien der Kirche helfen
können, Menschen zu erreichen
Erweiterte Neuauflage

256 Seiten zzgl. 16 Seiten Bildtafeln, Paperback
ISBN 978-3-7655-2017-4

Wer Menschen in der heutigen pluralistischen Gesellschaft erreichen will,
muss deren Lebenswelt kennen und das soziale Umfeld, in dem sie sich
bewegen, sprich: ihr Milieu. Aktuelle Sinus-Studien zeigen: Die Kirchen
erreichen mit ihren Angeboten allenfalls 2-3 von 10 Milieus. Heinzpeter
Hempelmann stellt die Sinus-Milieumodelle als eine Sehhilfe vor – als
Werkzeug, um die verschiedenen Lebenswelten der Menschen wahrzuneh-
men. Wo liegen die Chancen der Milieumodelle, wo Grenzen oder sogar
Gefahren? Wie lassen sie sich für den Bereich der evangelischen Kirchen
anwenden? Wie lassen sich auch kirchenfremde Milieus erreichen?

Ein Buch für alle, die gemerkt haben, dass ein traditionelles, kirchliches
Einheitsprogramm heute nicht mehr reicht.

2. erweiterte Auflage mit den eingearbeiteten Ergebnissen der Sinus-Kir-
chenstudie für Baden und Württemberg

**LChoice App
kostenlos laden,**
dann Code scannen
und ganz einfach
beim Buchhändler
Ihrer Wahl bestellen

BRUNNEN VERLAG GIESSEN
www.brunnen-verlag.de